AF404946

LES

BATAILLES DE NAPOLÉON

A PROPOS D'UN ÉCRIT RÉCENT

Par A. G.

ANCIEN ÉLÈVE DE L'ÉCOLE POLYTECHNIQUE

PARIS

LIBRAIRIE MILITAIRE R. CHAPELOT ET Cᵉ

IMPRIMEURS-ÉDITEURS

SUCCESSEURS DE L. BAUDOIN

30, Rue et Passage Dauphine, 30

1900

LES BATAILLES DE NAPOLÉON

A PROPOS D'UN ÉCRIT RÉCENT

PARIS. — IMPRIMERIE R. CHAPELOT ET Cᵉ, 2, RUE CHRISTINE.

LES
BATAILLES DE NAPOLÉON

A PROPOS D'UN ÉCRIT RÉCENT

Par A. G.

ANCIEN ÉLÈVE DE L'ÉCOLE POLYTECHNIQUE

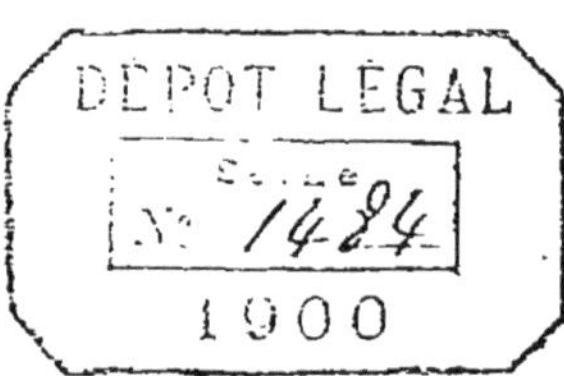

PARIS

LIBRAIRIE MILITAIRE R. CHAPELOT et Cᵉ

IMPRIMEURS-ÉDITEURS

SUCCESSEURS DE L. BAUDOIN

30, Rue et Passage Dauphine, 30

1900

LES BATAILLES DE NAPOLÉON

A PROPOS D'UN ÉCRIT RÉCENT

I.

Sous ce titre : *la Bataille napoléonienne*[1], il a été publié, dans le courant de l'année 1899, un opuscule, dont l'auteur, s'est proposé de mettre en relief les caractères particuliers des batailles de Napoléon, en essayant de montrer qu'elles se ramènent à un seul type, qui toutefois a subi une certaine évolution d'Iéna à Leipzig.

A côté de considérations fort justes, il en présente d'autres qui me paraissent au moins contestables. Je me propose, dans cette étude, de les examiner et de les discuter, et j'essayerai de conclure ce qu'il faut au juste en retenir.

Dans un avant-propos, l'auteur exprime d'abord cette idée que tout grand capitaine a un type de bataille dont, dans l'application, il cherche à se rapprocher le plus possible. C'est ce que l'on peut nommer *sa bataille*. Ensuite, si l'on compare les procédés de plusieurs grands généraux, on pourra y découvrir certains caractères communs. L'étude des types de chacun d'eux, par exemple, fera reconnaître que tous répondent à cette formule : *produire sur le front adverse une désorganisation locale assez puissante pour en entraîner la désorganisation totale*.

L'objet de la science des batailles serait donc d'établir les caractères essentiels des batailles des grands généraux et de faire ressortir ensuite leurs analogies et leurs différences.

---

[1] *La Bataille napoléonnienne*, par H. Camon, chef d'escadron d'artillelie, breveté d'état-major.

L'auteur ne traite pas, pour le moment, la question dans son ensemble; il se borne tout d'abord à étudier la bataille napoléonienne.

Il essayera donc de mettre en évidence ce qu'il y a de commun dans les batailles de Napoléon, de manière à bien caractériser *la bataille* qui lui est propre.

Pour développer ses idées à ce sujet, M. le commandant Camon divise son travail en deux parties, qui ont respectivement pour objet *la préparation* de la bataille et son *exécution*. C'est ce qu'il appelle la *stratégie* et la *tactique*. En faisant cette division, il reconnaît d'ailleurs qu'elle est arbitraire; mais il donne pour raison qu'il ne voit pas comment fixer l'endroit exact où la stratégie finit et où commence la tactique.

Je crois que c'est là une difficulté qui n'est pas insurmontable; mais je ne veux pas insister sur ce sujet pour le moment.

Etudiant la préparation de la bataille napoléonienne, M. le commandant Camon remarque que ce qui caractérise la stratégie de Napoléon, c'est qu'il veut la bataille immédiate et décisive; il la recherche avec énergie, mais par des procédés simples. Il est hors de doute que ce ne soient là les procédés employés par Napoléon, et nous ne croyons pas que, en les signalant, l'auteur de l'opuscule qui nous occupe ait cru faire une découverte. Mais où nous ne sommes pas de son avis, c'est lorsque, comparant ces procédés avec ceux des prédécesseurs de Napoléon, il ne voit dans les opérations de ces derniers que le jeu du hasard et des rencontres imprévues (page 14).

Il y avait certainement autre chose dans les opérations de Gustave-Adolphe qui l'ont conduit à Leipzig, à Nuremberg et à Lutzen; ce n'est pas non plus par hasard que Condé a livré les batailles de Rocroy, de Nordlingen et de Lens, et que Turenne a obtenu les beaux succès de la fin de la guerre de Trente ans ou ceux qui ont amené la délivrance de l'Alsace.

Ses dernières opérations contre Montecuccoli se peuvent peut-être comparer au jeu d'échecs; mais c'est un jeu serré et qui tient de l'art de la guerre au plus haut degré.

Dans la période suivante, les batailles d'Hochstett, de Turin, d'Oudenarde et de Malplaquet, gagnées par le prince Eugène de Savoie et par Marlborough, n'étaient pas des rencontres imprévues, non plus que le brillant retour offensif de Denain, où Villars sut réparer en un jour toutes les défaites essuyées depuis plusieurs années. Les belles victoires gagnées par le maréchal de Saxe à Fontenoy, à Raucoux et à Lawfeld n'étaient pas non plus le résultat du hasard, et il faudrait y mettre bien de la bonne volonté pour voir des rencontres imprévues dans les batailles du vainqueur de Rosbach et de Leuthen.

Napoléon n'avait donc pas à rompre avec la routine de ses prédécesseurs, comme l'affirme l'auteur; il avait à les étudier, à les imiter, en s'efforçant de les perfectionner. C'est ce qu'il a fait, car, loin de professer pour eux du dédain, au contraire, il les admirait, et il ne s'est pas fait faute de proclamer que c'était la seule manière de devenir grand capitaine. Les opérations de Maillebois, pendant la guerre de la Succession d'Autriche, sur l'Apennin et sur le Pô lui étaient connues lorsqu'il a fait la campagne d'Italie, et il avait pu méditer les opérations de Turenne en Allemagne lorsqu'il combina, en 1805, son mouvement du Rhin au Danube, et peut-être eût-il évité Leipzig s'il se fût mieux inspiré des opérations de Frédéric pendant la guerre de Sept ans.

Gardons-nous donc de dénigrer les grands hommes de guerre du passé, parmi lesquels la France a la meilleure part. Ce sont eux qui ont fait la grandeur de notre pays, et il n'est pas certain qu'il n'y ait autant à apprendre dans leurs exemples que dans ceux de Napoléon.

Sans doute ce n'est que par l'offensive que l'on peut arriver à des succès décisifs; mais il faut la pratiquer avec discernement, à son temps et à son heure.

Bonaparte n'a pas craint de laisser l'initiative à ses adversaires lorsque, en 1796, il était en position sur l'Adige, couvrant le siège de Mantoue; dix ans plus tard, il fit de même en couvrant le siège de Dantzig.

Dans bien des cas, il vaut mieux procéder par riposte que de se lancer dans l'inconnu. A notre époque surtout, malheur à ceux qui s'engageront à fond sans une extrême circonspection : ils seront broyés par la puissance des armes contemporaines !

Quoi qu'il en soit, il est juste de dire qu'un des caractères de la stratégie de Napoléon est de rechercher la bataille rapide et décisive, et il ne l'est pas moins de remarquer que, afin de forcer l'ennemi à la bataille, il se lance, quand c'est possible, avec le gros de ses forces sur la ligne de retraite de ses adversaires. Il y a longtemps que Jomini a mis en relief ce procédé que Napoléon a pratiqué trois fois de suite, en 1800, en 1805 et en 1806.

M. le commandant Camon est encore dans le vrai lorsqu'il fait ressortir l'importance du mouvement de Napoléon, qui, après avoir passé le Saint-Bernard, court à la Stradella, et on ne peut que le louer d'avoir évité de reproduire les critiques sans valeur[1] de quelques-uns de nos contemporains, qui, faute d'avoir saisi le côté vraiment génial de ce mouvement, ont reproché à Napoléon de l'avoir exécuté. Marengo devait en être la conséquence aux yeux de l'Europe étonnée. Napoléon venait d'inaugurer une seconde manière, profondément distincte de celle de 1796, et c'est en la répétant dans ses campagnes suivantes qu'il devait obtenir Ulm et Iéna.

Mais il nous semble que M. le commandant Camon se trompe en rapportant au même type la première partie de la campagne de 1809, dont l'action principale est la bataille d'Eckmühl.

Sans doute, en livrant cette bataille, Napoléon se propose de rejeter l'archiduc Charles sur le Danube, après lui avoir enlevé sa ligne de retraite naturelle sur Vienne ; mais il n'a pas cherché à atteindre ce but par une manœuvre initiale, comme en 1800, 1805 et 1806 ; l'idée ne lui en vient qu'à la suite de premières opérations dont le caractère est de produire non pas un mouvement tournant, mais une rupture stratégique. C'est le résultat de la bataille d'Abensberg, qui coupe en deux l'armée autrichienne, et je crois que ce n'est qu'après l'avoir obtenu qu'il songe à atteindre un nouveau but, en se retournant à gauche dans la direction de Ratisbonne, pour y acculer l'archiduc. Quand, le 18 avril, Napoléon appelle, d'Augsbourg sur Pfaffenhofen, Mas-

---

[1] Napoléon a d'ailleurs répondu d'avance à ces critiques avec autant de force que de précision (Voir *Commentaires*, t. IV, chapitre de « Marengo », p. 211). Il est étrange que l'on ait pu les reproduire quatre-vingts ans plus tard, car elles ne supportent pas un instant l'examen. Il n'y a rien à ajouter à ce qu'a dit Napoléon à ce sujet, cela suffit amplement à montrer toute l'inanité de ces critiques. C'est une fâcheuse tendance de notre époque de vouloir juger les opérations militaires d'après les théories faites de toutes pièces, longtemps après les événements ; sans quoi on éviterait de porter sur une campagne comme celle de 1800 des jugements aussi erronés que fantaisistes.

séna, ce dernier seul est capable d'agir les jours suivants sur Landshut, c'est-à-dire sur la ligne de communications de l'armée autrichienne ; les deux tiers de l'armée française se trouvent sur le Danube, de Neustadt à Ratisbonne. Non seulement l'armée de Napoléon n'est pas concentrée, mais ses corps n'ont pas entre eux une liaison certaine ; elle n'est pas encore en mesure d'agir en masse. Et même, tout en prescrivant à Masséna de porter une partie de ses forces sur l'Isar, il lui dit de diriger une division vers Neustadt pour soutenir au besoin la gauche de l'armée[1].

Et quand, après la bataille d'Abensberg, il pousse le gros de ses forces sur Landshut, ce n'est pas encore avec l'intention d'acculer l'archiduc à Ratisbonne, c'est parce qu'il croit que le gros de l'armée autrichienne est dans la direction de l'Isar. « Vous n'avez devant vous qu'un rideau de trois régiments d'infanterie », écrit-il à Davout le 21 avril, et, un peu plus loin, dans la même lettre : « Le duc de Dantzig va poursuivre le prince Charles, s'il prend la direction de l'Isar et qu'il aille à Landshut par Eckmühl, soit qu'il aille à Straubing. Lorsque vos derrières seront nettoyés, vous vous porterez sur Ratisbonne, vous attaquerez Bellegarde et Klenau, vous les acculerez dans les montagnes de Bohème ». Donc, à ce moment, Napoléon n'a pas encore l'idée de rejeter le gros des forces de l'archiduc sur Ratisbonne, puisqu'il les croit d'un autre côté. Ce n'est qu'après son arrivée à Landshut que, constatant qu'il n'a devant lui qu'une fraction de l'armée autrichienne et apprenant par Davout que ce dernier est en présence de l'archiduc, qui se trouve avec la partie principale de son armée, il prend le parti de ramener le gros de ses forces à gauche, ce qui amène la bataille d'Eckmühl. On doit encore remarquer que quand Napoléon quitte Landshut, il sait très bien que l'archiduc a pris Ratisbonne et, par conséquent, que l'armée autrichienne a le moyen de passer le Danube sous la protection de cette place. Ces opérations sont donc foncièrement distinctes de celles d'Ulm et d'Iéna.

On fait fausse route, du reste, en cherchant à rapporter les opérations stratégiques de Napoléon à une seule formule. Sans doute, il a réalisé trois fois la même manœuvre en 1800, 1805

---

[1] Lettre à Masséna du 19 avril à midi.

et 1806 ; mais non seulement la campagne de 1809 ne procède pas du même type, mais on peut dire que dans la suite de ses campagnes, il ne l'a plus reproduit.

Et nous sommes loin de lui en faire reproche, d'abord parce que le plus souvent, et notamment en 1809, il ne le pouvait pas, mais surtout parce que c'est la variété de ses conceptions et leur appropriation aux circonstances qui en font un capitaine hors ligne.

Ainsi que je l'ai fait remarquer autre part [1], il y a trois manières de se porter à l'ennemi, pour livrer bataille, lorsqu'on est en mesure de prendre l'initiative des opérations : 1º marcher droit sur l'armée adversaire par le plus court chemin, chacun conservant sa ligne de retraite naturelle ; 2º chercher à couper l'ennemi par une rupture stratégique sur une partie de son front ; 3º chercher à le déborder de manière à se placer sur ses communications.

Napoléon ne s'est jamais contenté de la première manière [2]. En recherchant la bataille, il a toujours eu en vue autre chose que ses conséquences immédiates ; il a toujours fait entrer en ligne de compte, soit les communications de l'armée ennemie avec sa base d'opérations, soit celles des divers corps entre eux. Mais il s'en faut que le mouvement tournant ayant pour premier objectif la ligne de retraite de l'ennemi soit pour lui un type invariable. Il a encore plus souvent employé la deuxième manière que la troisième, c'est-à-dire la rupture stratégique plus que le mouvement tournant.

Sa première campagne, le chef-d'œuvre de 1796, débute par une rupture stratégique dont le résultat est de séparer les Piémontais des Autrichiens. Ensuite viennent Marengo, Ulm et Iéna qui rentrent bien dans la troisième manière. Mais en 1808, dans la campagne que Napoléon conduit lui-même en Espagne, c'est une rupture stratégique qu'il vise.

Il en est de même en 1809, dès qu'il est en mesure de riposter à l'offensive de l'archiduc Charles ; l'armée autrichienne est rompue à Abensberg, il vise ensuite les communications de la

---

[1] Voir la brochure : *Stratégie, objet, enseignement, éléments.*
[2] C'est celle des Allemands en 1870, mais on ne peut le leur reprocher, car ils ne pouvaient faire autrement en raison du tracé des frontières.

fraction principale, mais ce n'est pas la manœuvre initiale.

En 1812, il a pour but, en envahissant la Russie, d'empêcher la réunion des deux armées russes, de manière à se trouver dans le même cas que s'il avait débuté par une rupture stratégique.

Dans la campagne du printemps de 1813, il cherche à déborder l'armée alliée par la gauche; mais cette fois ses adversaires ne se laissent pas faire, ils l'attaquent pendant qu'il exécute sa marche de flanc. C'est ce qui amène la bataille de Lutzen.

En 1814, son mouvement sur Champaubert produit une rupture stratégique, dont les conséquences sont les victoires de Montmirail et de Vauchamps, obtenues successivement contre les fractions séparées de l'armée de Silésie. Il visait le même but en se portant sur Montereau, mais on sait qu'il ne réussit pas à l'obtenir.

En 1815, il est manifeste que le premier but qu'il poursuivait était une rupture stratégique, à la suite de laquelle il comptait battre successivement les Prussiens et les Anglais.

On voit donc, en somme, que Napoléon a employé la rupture stratégique au moins aussi souvent que le mouvement tournant. Sans doute, en exécutant la première de ces deux manœuvres, il ne perd pas de vue non plus les communications de l'ennemi sur sa ligne de retraite naturelle; il compte bien, après l'avoir rompu, s'emparer de cette ligne si c'est possible, mais c'est là une seconde phase des opérations et non pas le caractère de la manœuvre initiale.

On peut remarquer, en outre, que les deux procédés que je viens de rappeler ne conviennent qu'à l'offensive stratégique et que, quand Napoléon n'a pas la supériorité qu'elle exige, il emploie une troisième manœuvre qui consiste dans l'utilisation des lignes intérieures. C'est le cas des opérations sur l'Adige en 1796, sur l'Elbe à l'automne de 1813, et de la campagne de France. Mais, si Napoléon a, en réalité, trois manières de conduire une campagne, on doit reconnaître qu'elles procèdent toujours des mêmes idées générales, qui sont de tenir toutes ses forces bien liées ensemble, de rechercher au contraire à séparer celles de l'ennemi pour les battre plus facilement en menaçant leurs communications. Quand il exécute un mouvement tournant c'est avec toutes ses forces qu'il se porte sur la ligne de retraite de son adversaire, mais il n'agit de la sorte que lorsqu'il se croit notablement supérieur. Dans le cas contraire, il ne vise les communications de l'adversaire qu'après avoir affirmé sa supériorité par un premier succès, parce qu'en tournant l'ennemi on livre plus ou moins ses propres communications, et c'est une situation qui ne convient qu'au plus fort.

On voit, d'ailleurs, les rapports qui existent entre la rupture stratégique et les lignes intérieures, car le résultat de la première manœuvre est de vous conduire dans une situation semblable à celle où l'on se trouve de prime abord en voulant utiliser les secondes.

S'il est vrai de dire que les opérations stratégiques de Napoléon procèdent de quelques idées simples, il ne l'est donc pas d'en rapporter l'application à un type invariable. Cette application diffère, au contraire, nettement suivant la force des armées en présence et suivant le tracé des frontières.

Les observations de M. le commandant Camon, sur ce qu'il appelle la *manœuvre initiale* de Napoléon, ne sont donc qu'à moitié justes et beaucoup trop générales ; après les avoir présentées, il remarque avec raison qu'il ne suffit pas d'acculer l'adversaire à une bataille, mais que, pour tirer parti d'une pareille situation, il faut s'être assuré la supériorité *totale* sur l'adversaire, en tenant compte à la fois des forces matérielles et des forces morales, et, lorsqu'on commence par viser la ligne de retraite de l'ennemi, il est certain qu'il faut compter parmi ces dernières l'effet produit par l'apparition d'une armée sur ses derrières. Toutefois, cet effet devait dépendre essentiellement de la trempe des adversaires de Napoléon, et s'ils ont pu se laisser troubler en 1805 et 1806 en voyant l'armée française sur leurs communications, non seulement il n'en a pas été de même en 1813, mais ils ont cherché à se mettre eux-mêmes dans cette situation, employant les armes de Napoléon contre lui-même ; car à la veille de Leipzig, ils étaient décidés encore plus que lui à la lutte à outrance, et d'ailleurs après deux mois de campagne ils avaient sur lui une énorme supériorité numérique.

La division faite par l'auteur des opérations stratégiques en trois parties, préparation, action décisive et utilisation de la victoire, ne me paraît pas devoir donner lieu à quelques observations utiles ; toutefois, j'avoue ne pas bien saisir pourquoi, à la fin de ce paragraphe, il déclare que la bataille de Lutzen fut une victoire à la Pyrrhus, funeste comme une défaite. C'est au contraire une victoire incontestable ; elle a coûté cher, il est vrai, mais c'est ce qui arrivera toujours lorsqu'on aura affaire à des adversaires acharnés, stimulés par l'ardeur patriotique et la résolution d'obtenir l'indépendance. Cependant, ses résultats matériels et moraux, loin d'être semblables à ceux d'une défaite, furent très appréciables. Non seulement l'armée austro-russe fut rejetée au delà de l'Elbe, mais le prestige de Napoléon, quelque peu affaibli par la retraite de Russie, était complètement relevé, et il n'a tenu qu'à lui, après Bautzen, d'obtenir une paix des plus honorables.

Le commandant Camon nous expose ensuite que Napoléon a toujours fait son plan de campagne *à priori*, et d'après des renseignements généralement assez vagues sur la situation des forces ennemies.

Il est certain que le fait est vrai dans bien des cas, et l'auteur a bien raison de l'approuver. Nous sommes surtout de son avis lorsqu'il conteste l'opinion de Clausewitz, qui affirme que l'on doit marcher au but par la ligne la plus courte, soutenant d'ailleurs que Napoléon n'a jamais fait autrement. Cette appréciation de Clausewitz est absolument fausse. On peut dire, au contraire, que Napoléon a toujours agi autrement, ainsi que je l'ai montré plus haut, en rappelant l'application qu'il a faite des trois manières possibles de conduire une offensive stratégique.

Et si les élèves de Clausewitz ont, au début de la guerre de 1870, suivi ses préceptes, on peut croire que cela tient seulement à ce que le tracé des frontières les y obligeait, car après avoir pénétré sur notre territoire à la suite de leurs premiers succès, ils songèrent de suite à déborder notre principale armée en s'efforçant de la rejeter sur la frontière belge.

Il est donc juste de dire que Napoléon fait son plan *à priori*, cherchant, toutes les fois que c'est possible, à saisir les communications de l'ennemi. Mais il faut bien entendre que dans ce plan *à priori*, il ne s'agit que d'une idée générale, et que, pour la réaliser, il prendra des dispositions journalières qui dépendront essentiellement des circonstances, et qui par conséquent, elles, ne peuvent être arrêtées *à priori*.

En 1800 cependant, en raison du théâtre des opérations relative-ment étroit, c'est bien la Stradella[1] qu'il veut atteindre ; il est fixé *à priori* sur ce point, parce qu'il sait que, en l'atteignant, il sera sur les derrières de M. de Mélas. Mais il n'en est pas de même en 1805 et 1806. Ce n'est qu'au cours des opérations, et quand il apprend que Mack est à Ulm, qu'il décide que pour se porter sur ses communications, il passera le Danube aux environs de Donawert. De même en 1806 il ne sait pas au juste où il atteindra l'armée prussienne ; ce n'est que plusieurs jours après avoir commencé son mouvement que les renseignements qu'il reçoit l'amènent à se porter sur Iéna.

Il est manifestement inévitable que le développement de l'idée générale soit subordonné aux mouvements de l'ennemi, et c'est en profitant des renseignements qu'il reçoit pendant l'exécution, que le génie du capitaine se montre dans tout son éclat.

En 1809, il est bien possible que Napoléon ait tout de suite songé aux communications, mais il n'agit cependant pas comme en 1806 ; contre l'armée prussienne, il cherche la ligne de retraite avant la bataille, tandis qu'en 1809 il ne la visera qu'après la la victoire, le tracé des frontières et son infériorité numérique ne lui permettant pas d'agir autrement.

Il est encore juste de remarquer qu'afin d'amener le plus de monde possible à la bataille, Napoléon fait la distinction bien nette d'un théâtre principal et de théâtres secondaires, et qu'il ne laisse sur ces derniers que les forces strictement nécessaires pour le but à atteindre ; c'est là un fait que j'ai fait ressortir à plusieurs reprises dans mes études sur les maximes de Napoléon. Mais il ne me paraît pas exact de soutenir que Napoléon soit le premier qui ait eu une semblable idée ; je crois, au contraire, qu'on la trouverait très précise chez les grands généraux des XVIIe et XVIIIe siècles, et notamment chez Gustave-Adolphe, le prince Eugène et Frédéric.

Les procédés qu'emploie Napoléon pour assurer ses communi-cations, par où il attend ses renforts et ses munitions, et pour en changer, suivant les circonstances, sont également dignes de

---

[1] Encore convient-il de remarquer qu'à un moment il avait envisagé le mouvement consistant à aller débloquer Masséna par Tortone après le passage des Alpes. (Voir *Journal des Sciences militaires*, janvier 1900, p. 43.)

fixer l'attention ; mais il ne faudrait pas croire, comme on pourrait y être porté par la lecture de l'ouvrage de M. le commandant Camon (page 31), qu'il obtenait ces résultats avec des effectifs négligeables. Quand la ligne d'opérations s'allonge, il aura beau y mettre la plus grande habileté, il ne réussira à la protéger qu'avec des troupes nombreuses.

En 1806, avant Iéna, il n'y consacre que peu de monde, parce qu'il n'est pas encore bien loin du Rhin, mais il en est autrement dès qu'il s'avance sur l'Oder et sur la Vistule.

Les corps qui, pendant les premières opérations, avaient fait la parade à Mayence et à Wesel sont d'abord chargés de ce soin. Mais après Eylau ils sont appelés les uns à l'armée, les autres au siège de Dantzig ; ils sont remplacés dans le bassin de l'Elbe par des bataillons de nouvelle formation, et en somme au moment de la bataille de Friedland, Napoléon a autant de monde sur ses derrières qu'en face de l'ennemi.

En 1809, après Eckmühl, il ne marche d'abord sur Vienne qu'avec Masséna, Lannes et la garde ; tout le reste est laissé en Bavière pour assurer les communications. A Essling, Davout seul a rejoint, mais par suite de la rupture du pont du Danube, il ne peut participer à la bataille. A Wagram, Bernadotte et les Bavarois ont rallié l'armée ; sans compter l'armée d'Italie. Napoléon a 140,000 hommes sur le champ de bataille, mais comme il a une double ligne de communications, plus de 60,000 sont employés à protéger ses derrières.

En résumé, dans la première partie de sa brochure où il traite de la préparation de la bataille, et que je viens de résumer en la commentant, M. le commandant Camon s'est proposé de mettre en relief surtout deux idées : l'une que Napoléon cherche à avoir la bataille le plus vite possible, et l'autre qu'il s'efforce de s'emparer préalablement de la ligne de retraite de l'ennemi, de manière à lui enlever le moyen d'éluder la bataille.

De ces deux idées, la première est, sans aucun doute, un des caractères de la stratégie de Napoléon, mais ce n'est pas une raison suffisante pour croire qu'il convient de la réaliser en toutes circonstances ; car si elle a conduit Napoléon à Ulm, à Iéna et à Eckmühl, il ne faut pas oublier qu'elle l'a mené aussi à Liepzig, à Laon et à Waterloo. C'est une voie que l'on ne doit suivre que quand on est le plus fort matériellement et moralement. Au sujet de la seconde, il est juste de soutenir que Napoléon ne perd jamais de vue l'attaque des communications de l'ennemi, et la défense des siennes. Mais il n'est pas exact de dire que la marche préalable de son armée sur la ligne de retraite de l'ennemi est le procédé normal de Napoléon. C'est un de ceux qu'il a employés, mais non seulement ce n'est pas le seul, mais il en a pratiqué d'autres plus souvent que celui-là.

II.

Nous arrivons maintenant au chapitre de la tactique, ce qui, d'après les définitions adoptées par l'auteur, ne devrait comprendre que *l'exécution* de la bataille; mais nous allons voir qu'en réalité il y est question de bien autre chose. Au surplus, il ne s'agit là, à vrai dire, que d'une question de mots qui peut nuire à la netteté de l'exposition, mais ne change rien au fond des idées.

Tout d'abord, M. le commandant Camon expose que le système de la bataille de Napoléon est le résultat de l'idée stratégique qui a inspiré ses plans de campagne. L'observation est juste d'une manière générale, en tant qu'elle constate une corrélation entre le système d'une campagne et celui de la bataille à laquelle elle conduit, et l'esprit logique de Napoléon ne pouvait échapper à cette corrélation essentiellement rationnelle. Mais comme il a plusieurs manières dans sa stratégie, on ne devra pas s'étonner qu'il en soit de même dans ses batailles. L'unité de la conception napoléonienne aux deux points de vue n'est donc pas, à beaucoup près, aussi complète que l'auteur voudrait le faire entendre. Il ne voit que l'offensive sur la ligne de retraite de l'ennemi, et il est certain que, quand elle se réalise, les dispositions que prend Napoléon pour recueillir le fruit de sa manœuvre initiale sont bien en rapport avec le but qu'il veut atteindre. Il s'est rendu maître de la ligne principale de retraite de son adversaire; il faut maintenant, non seulement lui ôter le moyen de la reprendre, mais aussi l'empêcher de s'échapper par la droite ou par la gauche. C'est dans l'accomplissement de cette tâche que Napoléon se montre un maître consommé.

C'est ainsi qu'en 1800, après l'occupation de la Stradella, il prend à droite et à gauche du Pô les admirables dispositions qui lui permettent d'observer l'ennemi sur tous les points et de l'arrêter de quelque côté qu'il se présente, dispositions que l'on a eu bien tort de blâmer, car elles portent le cachet de son génie supérieur.

Sans doute, le détachement de Desaix, fait la veille d'une bataille possible, est défectueux, mais tout le reste est parfait; il serait difficile d'imaginer quelque chose de plus profondément combiné.

De même en 1805, après avoir passé le Danube, il s'efforce de fermer toutes les issues en portant Soult sur Memmingen, tandis que Lannes et Ney vont sur Ulm. Mais la tâche est plus difficile qu'en 1800, à cause de la nature du pays, d'autant plus qu'il faut observer les Russes dont on craint l'arrivée sur l'Inn. Aussi ne peut-on empêcher le corps de l'archiduc Ferdinand de s'échapper en partie vers la Bohême.

En 1806, c'est Davout qui est chargé d'arrêter les Prussiens au défilé de Kösen, tandis que Napoléon porte le gros de son armée sur Iéna.

Les observations du commandant Camon sur ces opérations ne me paraissent pas très exactes : « Si l'adversaire se divise, dit-il (page 39), Napoléon éparpille lui-même ses forces pour conduire la chasse. Ainsi fit-il en 1805 autour d'Ulm ». Cet exemple me semble mal choisi, car je ne sache pas que Mack ait divisé ses forces en s'établissant à Ulm. Elles s'y trouvaient tout entières jusqu'au moment où l'archiduc Ferdinand s'est sauvé par la route de la Bohême. Il en est de même en 1800 et 1806.

Mélas a massé toutes ses forces lorsqu'il essaye de s'ouvrir un passage en livrant la bataille de Marengo.

En 1806, toutes les forces prussiennes se tiennent à la veille d'Iéna, surtout Napoléon le croit. Si elles sont divisés en deux masses dont l'une essaye de protéger le mouvement de l'autre, ces deux masses sont cependant en mesure de s'appuyer l'une sur l'autre.

Donc dans toutes ces circonstances, dès que les adversaires de Napoléon le savent sur leur ligne de retraite, *ils se pelotonnent*, suivant l'expression du commandant Camon, et 1805 ne fait pas exception.

« Dans ce cas, dit-il (page 40), Napoléon, après avoir pris le contact, divise *systématiquement* son armée en deux masses inégales : avec la masse principale, qu'il compose des deux tiers environ de son effectif, il se dirige droit sur le gros de l'ennemi lui coupant, par la direction même de la marche, sa principale ligne de retraite. En même temps, il lance à une ou deux étapes de lui sa masse secondaire pour couper à l'ennemi quelques lignes secondaires de retraite. »

Or, il me semble que c'est à tort que M. le commandant Camon renferme toutes ces opérations de Napoléon dans le même moule. Le procédé qu'il vient de décrire n'a été réalisé, plus ou moins, qu'en 1805 et en 1806, mais il n'y a rien de semblable en 1800.

Avant Marengo, l'armée française n'est nullement divisée en deux masses; il y a des corps partout, sur le Tessin, sur l'Adda, sur le bas Pô, du côté de Plaisance. Bien entendu, ce n'est pas en vue de la bataille immédiate que Bonaparte divise ainsi ses corps. Ils forment un vaste réseau d'observation chargé de le renseigner sur les mouvements de l'ennemi. Ils ne sont pas chargés de livrer bataille, mais de voir et retarder l'ennemi de quelque côté qu'il veuille s'échapper, jusqu'à ce que Bonaparte arrive avec le gros de ses forces. Desaix lui-même, lorsqu'il est envoyé sur Novi, n'a pas autre chose à faire qu'une reconnaissance.

« Le 12 juin, dit Napoléon dans ses *Commentaires*, le Premier Consul surpris de l'inaction de Mélas, conçut des inquiétudes et craignit que l'armée autrichienne ne se fût portée sur Gênes ou sur le Tessin, ou bien qu'elle n'eût marché sur Suchet pour l'écraser et revenir ensuite contre le Premier Consul. »

« Le 13, il dirigea en toute hâte le corps de Desaix en forme d'avant-garde sur son extrême gauche, avec ordre d'observer la chaussée qui, de Novi, conduit à Alexandrie. »

Il n'y a donc rien qui ressemble à une masse principale et à une masse secondaire dans cette campagne.

En 1805, il en est autrement : si, après le passage du Danube et les combats de Wertingen et de Gunzbourg, Napoléon dirige Soult sur Memmingen, c'est bien pour fermer à Mack la retraite du Tyrol, tandis que Ney et Lannes vont essayer de l'acculer sur Ulm; mais il ne faut pas oublier qu'en même temps Davout, Bernadotte et les Bavarois sont envoyés sur l'Isar pour s'opposer à l'arrivée possible de l'armée russe, et que Marmont et la garde restent sur le Lech comme réserve centrale entre l'Isar et l'Iller, de sorte qu'il n'y a sur cette dernière rivière que le tiers environ des forces françaises.

En 1806, au contraire, il y a bien à peu près les deux tiers des forces françaises à Iéna et le tiers à Kōsen, en y comprenant Bernadotte, pour barrer une des routes que l'ennemi pouvait suivre en s'échappant. Mais il n'y a rien de semblable en 1809. Quand Napoléon marche sur Landshut avec le gros de ses forces et qu'il laisse Davout à sa gauche vis-à-vis d'Eckmühl, il ne faut pas voir dans le corps de ce dernier une masse secondaire chargée de fermer une issue à l'ennemi, par la raison bien simple que Napoléon croit le gros de l'armée autrichienne sur l'Isar, à Landshut ou au-dessous. Cette appréciation n'était pas exacte, mais elle l'aurait sans doute été si l'archiduc n'avait pas enlevé Ratisbonne. Dans ce cas, Napoléon se proposait de le prévenir sur l'Inn [1], et ce n'est que quand il apprend qu'il en est autrement qu'il revient à gauche pour l'acculer au Danube. « Puisque l'ennemi est têtu, écrit-il à Lannes, il faut l'exterminer. »

Davout ne joue pas du tout le rôle d'une masse secondaire ayant un rôle à part, c'est tout simplement un pivot de manœuvre sur lequel Napoléon s'appuie directement pour faire entrer successivement en ligne les autres corps de son armée.

Ainsi, de toutes ces opérations, il n'en est qu'une seule où les dispositions de Napoléon répondent au type que M. le commandant Camon présente comme adopté systématiquement par Napoléon, et il a fallu beaucoup d'imagination pour retrouver ce type dans les autres, et surtout retrouver un esprit systématique qui n'a certainement pas existé dans la conception du grand capitaine.

Mais après avoir signalé à tort cette division en deux masses inégales comme une règle générale [2] et un moyen de compléter la fermeture de la ligne de retraite de l'ennemi sur laquelle

---

[1] Toujours la même lettre à Davout du 21 avril, rappelée plus haut.

[2] Aussi bien que la marche en carré de 200,000 hommes que d'autres ont voulu présenter également comme une règle, tandis que Napoléon ne l'a jamais renouvelée, sauf en 1813 en descendant la Mulde de Wurtzen à Düben, les et 10 octobre. Il faut remarquer, d'ailleurs, qu'il y a contradiction entre deux idées; car si l'on marche en carré, il n'y a pas de masse secondaire

Napoléon s'est porté, il attribue un autre rôle à la masse secondaire.

Le type normal de la *bataille napoléonienne*, d'après M. le commandant Camon (page 44), est celui où la masse secondaire et la masse principale ont pu se rapprocher pour resserrer entre elles l'ennemi comme entre les deux mâchoires d'une tenaille.

Or, sur ce point, nous pensons qu'il est en contradiction, non seulement avec les faits, mais avec les principes les plus caractéristiques de la stratégie napoléonienne, principes que l'Empereur a proclamés autant qu'il les a appliqués.

Resserrer l'ennemi entre les deux mâchoires d'une tenaille, autrement dit, mettre l'ennemi entre deux feux, c'est ce qu'ont voulu faire Wurmser et Alvinzi en 1796, et c'est ce qui a donné à Bonaparte l'occasion d'obtenir les merveilleux résultats de sa première campagne. C'est ce qu'avait essayé, quarante ans plus tôt, le maréchal Daun contre Frédéric à Liegnitz, et c'est ce qui fournit au roi de Prusse le moyen de se tirer d'une situation difficile par une brillante victoire.

C'est aussi ce que nous avons vu faire par les Prussiens à Sedan il y a trente ans, et ce qui, en raison de leur énorme supériorité, a amené le désastre de l'armée française; mais si cette armée avait été bien commandée, elle aurait pu s'échapper comme Frédéric, en décampant pendant la nuit qui a précédé la bataille [1].

Faire agir une masse secondaire sans liaison avec le gros de l'armée, c'est ce qu'a fait Moreau à Hohenlinden. Mais, malgré le brillant succès obtenu par ce général, Napoléon a absolument blâmé ses dispositions. Il les a blâmées, non seulement parce qu'il cherchait toutes les occasions de dénigrer Moreau, mais aussi parce que ces dispositions étaient contraires à ses propres principes.

« L'art de la guerre indique qu'il faut tourner ou déborder une aile sans séparer l'armée. » Voilà ce que dit Napoléon dans une des maximes que j'ai signalées à l'attention des militaires il y a quelques années. Et ce précepte, non seulement il le proclame, mais il l'a toujours appliqué dans ses premières cam-

---

[1] Voir à ce sujet les *Maximes de guerre de Napoléon*, page 33.

pagnes, dans celles qui l'ont conduit aux plus belles victoires. Il n'y a pas d'ennemi à resserrer entre les mâchoires d'une tenaille à Marengo, ni dans le fait ni dans les intentions de Napoléon ; car, comme je l'ai déjà dit, Desaix n'avait d'autre rôle que d'aller à la recherche de renseignements.

En 1805 et 1806, Soult est envoyé sur Memmingen, Davout sur Kösen, pour barrer une route à l'ennemi ; mais quand Napoléon les y envoie, il ne se propose nullement de livrer bataille en prenant l'ennemi entre deux feux. Il est vrai que quand, le 13 octobre, il prévoit la bataille d'Iéna pour le lendemain, il prescrit à Davout de se défendre ou d'attaquer les derrières de l'ennemi, suivant les circonstances. Mais il n'y a pas là l'application d'un système. Davout était déjà à Kösen, Napoléon le prend là où il est, et lui prescrit d'attaquer, s'il ne l'est pas lui-même, parce qu'autrement il serait inutile pendant la bataille. Il faut d'ailleurs remarquer que le 3e corps ne s'est trouvé isolé que par suite du rôle odieux joué par Bernadotte.

En 1809, il n'y a non plus personne à mettre entre deux feux. Au début, Napoléon exécute une rupture stratégique, c'est-à-dire une manœuvre exactement contraire à celle du resserrement des mâchoires d'une tenaille, et ensuite il refoule l'archiduc sur Ratisbonne, à la suite d'une bataille où presque toutes les forces françaises sont rapidement réunies.

Il est vrai que plus tard Napoléon a agi quelquefois autrement, par exemple à Bautzen, à Kulm, à Laon et à Ligny, mais il n'a pas eu à s'en féliciter. Ce sont justement ces dispositions qui l'ont empêché d'obtenir des victoires décisives à Bautzen et à Ligny, et qui ont amené les désastres de Vandamme à Kulm et de Marmont à Athies.

Mais il faut croire que dans ses dernières campagnes Napoléon en était arrivé à penser que tout ce qui était interdit aux autres lui était permis, sans doute en raison de certains dons surnaturels autant que par suite du prestige acquis par quinze ans de succès.

Il est possible que, comme le dit M. le commandant Camon (page 43), il ait violé ses propres maximes de parti pris, et parce qu'il en espérait des bénéfices extraordinaires ; mais ces bénéfices il ne les a jamais réalisés, et c'est ce qui suffit à nous faire penser que les mouvements tournants exécutés sans

A. G.2

liaison avec le gros de l'armée, qu'il a tant critiqués, ne lui étaient pas plus permis qu'aux autres.

D'ailleurs, l'auteur reconnait que Napoléon s'est souvent écarté de ce qu'il considère comme le type normal.

Il y aurait, d'après lui, une bataille diminuée, dont le type est La Moskowa, et dans laquelle Napoléon déborde l'ennemi sans se séparer. Il n'y a pas de masse secondaire, mais il n'y en avait pas non plus à Austerlitz, à Friedland et à Eckmühl. Enfin, il y aurait un troisième type, qui est un agrandissement du type normal par l'adjonction *d'un champ défensif* du côté opposé à l'attaque débordante, et dont le type serait celui de la bataille de Leipzig, qui peut être donné comme le plus développé de la bataille napoléonienne. Il est vrai que, dans cette bataille, Napoléon se défend d'un côté tandis qu'il veut attaquer de l'autre; mais c'est ce qu'ont fait les généraux de tous les temps, et il est difficile de voir dans les dispositions prises à Leipzig quelque chose de systématique. En tout cas, il est inexact de dire (page 7) que Napoléon n'a qu'un seul type de bataille, partant d'Iéna pour aboutir à celui de Leipzig en passant par Bautzen. Il n'y a aucun rapport entre les dispositions de Leipzig et celles d'Iéna, tant au point de vue tactique qu'au point de vue stratégique : à Leipzig, Napoléon occupe une position centrale et ses adversaires cherchent à l'envelopper; à Iéna, c'est le contraire.

En réalité, Napoléon n'a pas trois types de batailles, il en a autant que d'actions; aucunes ne se ressemblent.

Mais avant d'aller plus loin, je crois devoir appeler l'attention sur le caractère des questions que nous venons de traiter, car, ainsi que le lecteur l'aura peut-être déjà observé, si l'auteur ne l'avait pas indiqué en tête de son second chapitre, on ne se douterait pas qu'en examinant ces questions nous sommes en pleine tactique. Cette manière de diviser son travail n'est même pas en rapport avec ses propres définitions.

Il a dit tout d'abord que la stratégie avait pour objet la préparation de la bataille, et la tactique son exécution. Or jusqu'à présent nous ne sommes pas du tout dans l'exécution qui est limitée aux péripéties de la bataille même. Il est vrai qu'il a ajouté, que ne voyant pas bien où finit la stratégie et où commence la tactique, il a adopté des divisions arbitraires; mais il me semble qu'il abuse un peu trop de la latitude qu'il s'est donnée à ce sujet. On ne voit pas bien pourquoi Bonaparte fait de la stratégie quand il va du Saint-Bernard à la Stradella, et de la tactique quand il revient de la Stradella sur Marengo. De même en 1805, il aurait fait de la stratégie en allant du Rhin au Danube, et de la tactique lorsque, après le passage du Danube, il revient sur Ulm, et en 1806 de la stratégie en pénétrant en Saxe à travers le Frankenwald et de la tactique en revenant sur la Saale.

Il est manifeste, au point de vue des divisions naturelles, que toutes ces opérations ont le même caractère; que pendant la dernière période comme pendant la première, nous sommes en pleine stratégie et que la tactique n'a encore rien à faire.

Or, quoiqu'il ne s'agisse que de définitions, ces considérations ne sont pas sans importance, parce que les définitions justes exigent des idées nettes. Et si l'auteur n'est pas arrivé à fixer rationnellement les limites de la stratégie et de la tactique, c'est que ces limites ne sont pas nettes dans son esprit.

A diverses reprises[1], je me suis proposé de les définir avec précision, et considérant la bataille comme l'événement principal de toute grande opération militaire, j'ai dit que l'objet de la stratégie était d'amener les forces à la bataille, tandis que celui de la tactique était de les y engager, et que la limite commune était à l'entrée du champ de bataille. Tout ce qui n'a pas pour objet le combat lui-même, est en dehors de la tactique. Ces définitions qui sont au fond celles de Jomini, me paraissent très simples et très nettes, et elles ne prêtent pas à la confusion. D'autres ont préféré définir ces deux parties de l'art de la guerre en disant que la stratégie avait pour objet la conception, et la tactique l'exécution. Ainsi que je l'ai fait observer, ces définitions me paraissent défectueuses, parce qu'elles reposent sur des caractères subjectifs et non objectifs[2]. On ferait ainsi de la stratégie ou de la tactique, non pas suivant la nature des questions que l'on traite, mais d'après la manière dont on les étudie, et c'est une source constante de confusion. C'est ainsi que l'on parle de stratégie de combat lorsqu'il n'est pas question de combat et que

---

[1] Voir la brochure : *Stratégie, objet, enseignement, éléments.*
[2] Voir *Nouvelles observations sur l'objet et les éléments de la stratégie.*

l'on introduit la tactique dans les opérations des armées en dehors du champ de bataille, contrairement à la manière de voir de tous les écrivains militaires de la période napoléonienne.

Cependant il me semble que les définitions de M. le commandant Camon auraient dû le conduire assez naturellement à des notions plus précises.

Il dit que la stratégie a pour objet la préparation de la bataille, et la tactique son exécution. Pour préciser il suffirait de savoir où s'arrête au juste la préparation et où commence l'exécution.

Si l'on se rapporte à son étude, il semblerait que le premier but de Napoléon étant de s'emparer de la ligne de retraite de l'ennemi, dès qu'il l'a atteint, le rôle de la stratégie est terminé.

Or, quand ce résultat est obtenu, on est encore loin de l'ennemi, on ne sait même pas au juste où il est; n'importe, la tactique commence; on se demande pourquoi, car il s'en faut que la préparation soit terminée et que la bataille soit sur le point de s'engager.

D'après l'auteur, ce qui empêche de séparer nettement la stratégie de la tactique, quand on examine les opérations de Napoléon, c'est que sa bataille est *stratégique*, et il entend par là qu'elle est la résultante de ses manœuvres stratégiques qui ont pour résultat d'acculer l'ennemi à la bataille en l'empêchant de l'éluder. A ce sujet je ferai d'abord observer encore une fois que cette situation n'est pas celle de toutes les batailles de Napoléon, mais que le plus grand nombre ont été livrées dans d'autres conditions; en outre, j'ajouterai que s'il en est qui ne mériteraient pas l'épithète de stratégiques, ce sont justement celles où cette condition est remplie. En effet, s'il y avait lieu parfois d'employer cette qualification, ce serait pour les batailles dans lesquelles on chercherait à obtenir un résultat stratégique, c'est-à-dire, une modification dans la situation des armées, par la lutte elle-même; mais il en est tout autrement à Marengo et à Iéna. A la suite de ces batailles la situation des armées par rapport à leurs lignes d'opération est la même que la veille. Par le combat on a seulement recueilli le fruit des manœuvres stratégiques des jours précédents; il n'y avait plus pour le chef de l'armée française autre chose à faire que d'empêcher l'ennemi de passer n'importe comment.

Il en est autrement lorsque les armées en présence se trouvent chacune en possession de la ligne de retraite naturelle. Dans ce cas on peut avoir en vue, par la bataille elle-même, de saisir les communications de l'ennemi avec sa base d'opération ou de rompre la liaison de quelques corps entre eux. Alors on pourrait dire que la bataille est stratégique, parce qu'elle conduit par elle-même à un résultat stratégique. C'est le cas d'Austerlitz, de Friedland et d'Abensberg ; mais il en est tout autrement dans les batailles où l'on est d'avance maître des communications de l'ennemi. Alors la stratégie n'est plus en jeu, parce que son rôle est terminé avant la bataille.

L'emploi de l'expression que je combats me paraît avoir pour cause principale le manque de précision dans les définitions. N'étant pas fixé sur les limites de la stratégie et de la tactique, on est amené naturellement à les confondre.

Avec ma manière de voir il n'y a pas de doute, la tactique ne commence que quand on prend les dispositions de combat, en cherchant à utiliser les propriétés des armes et celles du terrain. Or, je crois que toute autre définition conduira forcément à la confusion et à l'arbitraire. D'après ces observations on comprend très bien comment M. le commandant Camon a été amené à renfermer dans le chapitre de la tactique un certain nombre de questions qui, logiquement, doivent être rattachées à la stratégie ; mais il en a examiné d'autres dans le paragraphe intitulé : « Structure interne de la bataille napoléonienne » qui, celles-là, sont bien des questions de tactique et sur lesquelles il y a également lieu de s'arrêter.

A ce sujet, l'auteur fait remarquer avec raison que pour vaincre il n'est pas nécessaire de conduire le combat avec la même intensité sur toute la ligne de bataille, mais seulement de rompre l'ennemi sur un point bien choisi : « La brèche faite, dit Napoléon, l'équilibre est rompu, tout le reste devient inutile ». Faire la brèche, c'est là l'objet de l'attaque décisive.

Cela posé, M. le commandant Camon divise la bataille en trois parties : la préparation de l'attaque décisive, l'attaque elle-même et les conséquences du succès ou de l'échec de cette attaque.

La préparation comporte elle-même deux parties : d'abord, ce que l'auteur appelle le combat de neutralisation et la détermination du point d'application de l'attaque décisive.

Tout cela a été dit et répété cent fois depuis de longues années, avec cette seule différence que l'expression de « combat de neutralisation » remplace celle de « combat d'usure ».

Mais, sur ce point encore, il me semble que les commentaires du commandant Camon ne sont pas complètement exacts. Il s'agit bien de neutraliser une partie des forces ennemies, mais on ne peut y arriver qu'à la condition de les user par le combat ; autrement, elles resteraient disponibles, sortiraient de leur hypnotisme dès que l'attaque décisive se dessinerait, et pourraient être employées contre elle. De sorte que les deux expressions d'usure et de neutralisation ne sont ni l'une ni l'autre suffisantes ; ce n'est que par leur réunion que l'on exprime le rôle à remplir, et si l'on veut ne se servir que d'une seule, il me semble que celle de combat d'usure est la plus convenable.

C'est là, au fond, une question assez secondaire ; mais où surtout nous croyons indispensable de protester, c'est quand l'auteur affirme (page 48) que la pièce la plus originale de la bataille de Napoléon est l'attaque débordante.

Qu'on dise qu'une pareille disposition est le caractère fondamental des batailles de Frédéric, c'est une vérité manifeste, puisque le roi de Prusse l'a employée sans exception dans toutes les batailles de la guerre de Sept ans où il a pris l'offensive.

Mais il s'en faut qu'il en soit de même de Napoléon, qui ne l'a employée que dans quelques batailles. Il n'y a d'attaque débordante ni à Austerlitz ni à Friedland, et, si on la rencontre dans un certain nombre d'autres batailles, ce n'est pas une invention de Napoléon, car les généraux de tous les temps l'ont imaginée avant lui.

Seulement, tandis que, avec ces généraux, l'attaque débordante se confond le plus souvent avec l'attaque décisive même, il n'en est pas nécessairement de même avec Napoléon. Quand il emploie l'attaque débordante à Wagram et à La Moskowa, c'est pour faciliter l'attaque décisive sur un autre point et en rendre les résultats plus complets, en cherchant à désorganiser la partie de l'armée ennemie comprise entre les deux attaques. C'est aussi ce qui aurait eu lieu à Ligny, si d'Erlon fût arrivé sur la droite des Prussiens pendant que Napoléon les attaquait de front ; mais, en réalité, ce résultat n'a jamais été obtenu par l'attaque débordante, pas plus à Wagram ou à La Moskowa, qu'à Bautzen ou à

Ligny. Il l'a été, au contraire, à Austerlitz et à Friedland, où justement il n'y a pas d'attaque débordante.

Entrant dans les détails, l'auteur observe ensuite et avec raison que, pour le combat de neutralisation, Napoléon emploie le moins de monde possible; il s'agit d'user l'ennemi sans s'user soi-même. Il y faut des troupes solides et tenaces. Quant à l'attaque débordante, elle doit être faite avec la cavalerie, pour surprendre l'ennemi. Or, je demande dans quelle bataille Napoléon a agi de la sorte? Il n'y en a pas une seule. Ce n'est ni Austerlitz, ni Friedland, ni Eckmühl. A Wagram, la cavalerie ne fait qu'aider Davout; à Lutzen et à Bautzen, son rôle est sans importance; à Dresde, elle joue un rôle capital, mais c'est l'attaque décisive elle-même. Napoléon n'en fait pas d'autres.

Il n'est donc pas exact de dire que l'attaque débordante où la cavalerie joue le rôle principal est la pièce la plus originale de la bataille napoléonienne; il ne l'est pas davantage de soutenir (page 50) que cette attaque constitue ce que Napoléon appelle *l'événement*.

Ce qu'il faut entendre par cette expression, c'est bien l'attaque décisive qui peut être exécutée concurremment avec l'attaque débordante ou sans elle, et Gouvion-Saint-Cyr ne s'est pas trompé en lui donnant ce sens.

Ses *Mémoires* sont à ce sujet très précis[1]. Il y rapporte une conversation qu'il eut à Dresde avec Napoléon quelques jours avant la bataille de Bautzen, où l'Empereur lui fit part des dispositions qu'il comptait prendre pour attaquer l'armée prusso-russe. On sait que ces dispositions consistaient à faire déborder cette armée par les forces du maréchal Ney venant de Torgau; tandis que Napoléon attaquerait de front. Saint-Cyr lui manifesta son étonnement, en faisant remarquer qu'en agissant ainsi; il s'éloignait de sa manière ordinaire, qui semblait consister à attaquer le centre plutôt que les ailes. L'Empereur répondit qu'il n'avait aucune préférence, qu'il avait pour principe d'aborder l'ennemi avec le plus de moyens possible et à laisser la bataille suivre son cours, en ayant soin de ne pas céder trop facilement aux demandes de secours de ses lieutenants, et que ce n'était

---

[1] *Mémoires pour servir à l'histoire militaire sous le Directoire, le Consulat et l'Empire* (t. IV, p. 40 et suivantes).

que vers la fin de la journée que, voyant l'ennemi fatigué, il lançait sa réserve dans la bataille, de manière à produire *un événement*. Il n'y a pas de doute dans le récit de Gouvion-Saint-Cyr, et si bonne opinion que l'on ait de soi-même, il y aurait au moins quelque prétention exagérée à supposer qu'un homme d'une aussi haute valeur militaire que le maréchal n'a pas compris la pensée de Napoléon. Ce que ce dernier entendait par *l'événement*, c'est donc bien l'attaque décisive, et il l'a prononcée dans les conditions les plus diverses.

A Austerlitz, c'est l'attaque du plateau de Pratzen; à Friedland, celle des ponts de l'Alle; à Dresde, celle de la gauche alliée, sans offensive au centre : autant de dispositifs que de batailles. Le prétendu système de Napoléon n'a jamais existé, et je crois que M. le commandant Camon se trompe en voulant ramener ses batailles à un seul type. Il y a des batailles de Napoléon, mais la bataille napoléonienne n'est qu'une œuvre d'imagination, en complète contradiction avec les faits.

En le constatant, nous sommes bien loin d'en faire un reproche à Napoléon; nous dirons, au contraire, que c'est parce qu'il n'a jamais cru que la solution des problèmes de la grande tactique fût renfermée dans une formule étroite qu'il est un grand capitaine, et il en a été de même des grands généraux de tous les temps.

Les batailles livrées par Condé à Rocroy et à Nordlingen se ressemblent entre elles et, en même temps, se rapprochent par leur dessein général de la bataille livrée par Gustave-Adolphe à Leipzig. Mais il en est autrement à Lens et à Senef, parce que, livrées dans des conditions différentes, ces dernières exigeaient d'autres solutions, et Lens est une bataille au moins aussi belle que Rocroy.

Chez Turenne il n'y a évidemment pas de type de bataille. C'est surtout un stratège qui cherchait à obtenir par des marches profondément calculées ce que Condé n'attendait que du combat.

Pendant la guerre de la Succession d'Espagne, le prince Eugène de Savoie et Marlborough ont employé à Hochstett et à Malplaquet des procédés à peu près semblables. Après avoir fortement menacé une aile, ils ont percé le centre. Ce procédé se rapproche beaucoup du type normal que M. le commandant Camon voudrait attribuer à Napoléon ; si, en réalité, il l'avait adopté, il n'en aurait pas la paternité. D'ailleurs, les mêmes généraux ont agi autrement à Turin, à Ramillies et à Oudenarde.

Aussi Feuquières, après avoir fait une étude critique remarquable des principales batailles de son temps, a-t-il pu dire « qu'il n'y en avait pas une seule qui ressemblât à une autre », et c'est pour cela qu'il conclut de son étude que le résultat des batailles tient avant tout à la valeur des chefs.

Dans la période suivante les victoires du maréchal de Saxe, à Fontenoy et à Raucoux, ne se ressemblent d'aucune sorte, et la seconde, quoique ayant eu moins de retentissement que la première, est peut-être la plus remarquable des deux.

Avec Frédéric on arrive, il est vrai, à un type de bataille à peu près normal : attaquer une aile en refusant la lutte du côté opposé. Le roi de Prusse a essayé de réaliser ce type dans la plupart des batailles où il a eu le loisir de prendre ses dispositions. Mais cela ne suffirait pas à en faire un grand général, car il a échoué en appliquant son système à Kollin et à Kunersdorf, n'a pas été loin de la défaite à Zorndorf et à Torgau, et n'a réussi complètement qu'à Prague et à Leuthen.

.D'ailleurs, si l'on porte particulièrement l'attention sur ses quatre batailles les plus décisives, je veux dire sur celles qui ont le plus complètement modifié la situation des armées en présence, on peut voir qu'il a obtenu la victoire par quatre procédés complètement différents les uns des autres.

Ces batailles sont celles de Hohenfriedberg, Rosbach, Leuthen et Liegnitz.

Un mois avant la première de ces batailles, qui eut lieu le 4 juin 1745, l'armée prussienne se trouvait en Silésie, dans des quartiers assez étendus de Breslau à Neisse, avec de forts détachements pour observer la frontière autrichienne. Le prince Charles de Lorraine qui commandait cette dernière armée avait le gros de ses forces en Bohême, vers Kœniggraetz. Au milieu de mai il porta de nombreux partisans tant dans la haute Silésie que du côté de Landshut, sur la route de Trautenau à Schweidnitz. Frédéric jugea qu'il était temps de rassembler son armée ; il la réunit à Frankenstein, à peu près à égale distance de Neisse, de Glatz et de Schweidnitz ; elle était forte de 65,000 hommes ;

celle du prince Charles de 85,000 hommes. Le roi de Prusse fit répandre le bruit qu'il allait se retirer sur Breslau, tandis qu'au contraire il se disposait à combattre l'armée autrichienne dès qu'elle déboucherait des montagnes.

Sachant que le gros de l'armée autrichienne allait arriver par la route de Trautenau, il porta la sienne, le 29 mai, à Reichenbach, à une petite marche au sud de Schweidnitz[1], puis traversa cette place le 1er juin, l'avant-garde allant occuper la hauteur de Striegau. En même temps l'avant-garde autrichienne arrivait à Freibourg, le gros vers Reichenau. Le prince de Lorraine ne voyant que des petits corps de l'armée prussienne, dont le gros était caché par des collines, se mit en mouvement le 3, dans la direction de Breslau. Frédéric, placé sur une hauteur en avant de son camp, le vit déboucher en huit colonnes ; la nuit suivante il mit son armée en marche par la droite, sur deux lignes. Les têtes de colonne arrivèrent à minuit aux ponts de Striegau qu'elles franchirent à la pointe du jour, suivies du gros de l'armée. Les Autrichiens étaient loin de s'attendre à une pareille manœuvre ; l'avant-garde, composée des Saxons, se trouvait seule au nord-ouest de Striegau ; elle fut culbutée rapidement ; le centre, qui essaya de l'appuyer, eut le même sort ; la droite n'arriva que quand déjà la moitié de l'armée était hors de combat. Elle servit néanmoins à empêcher les Prussiens d'entamer une poursuite, qui autrement eût été désastreuse pour les troupes battues. Le lendemain le prince de Lorraine se retira en Bohême.

Il n'y a sûrement dans cette bataille rien de systématique de la part de Frédéric. Jomini la regarde avec raison comme un chef-d'œuvre de défense offensive. Il faut admirer, en effet, l'habileté que le roi de Prusse avait mise à dissimuler ses préparatifs et la vigueur de l'exécution. Frédéric n'était encore presque qu'au début de sa carrière. Il est d'avis lui-même qu'à Molwitz et à Czaslau, il ne s'était pas montré bien fort. Mais les réflexions que lui avaient suggérées ses premières campagnes avaient rapidement porté leurs fruits ; dès 1745 il était passé maître dans l'art de la guerre.

---

[1] Voir les *Mémoires de Frédéric* ou le *Traité des grandes opérations militaires*, de Jomini.

A Rosbach, c'est Soubise qui veut le tourner, essayant, dit Napoléon, de singer l'ordre oblique ; Frédéric était mieux prêt qu'aucun autre à riposter à sa manœuvre favorite mal exécutée ; l'armée de Soubise, quoique double de l'armée prussienne, fut complètement défaite.

Leuthen est le triomphe de l'ordre oblique ; avec le gros de son armée, Frédéric culbuta la gauche de l'armée autrichienne en évitant la lutte du côté opposé.

A Liegnitz, il en est tout autrement. C'est Daun qui veut le tourner en séparant son armée ; c'est la masse secondaire, qui devait compléter la victoire, qui est détruite avant que la masse principale ait pu entrer en ligne. On voit donc que ces quatre victoires ont été obtenues par des procédés complètement différents, et que, si Frédéric avait un système pour certains cas, il en était cependant indépendant, et qu'il savait s'en écarter en se pliant aux circonstances.

Napoléon a fait comme lui et même plus que lui, car il n'a pas du tout de système pour livrer bataille. Il est vrai que ses batailles procèdent toutes de quelques idées générales qu'il n'a jamais perdues de vue ; mais il en a complètement varié l'application suivant les circonstances.

Voilà ce qui résulte des explications données par Napoléon lui-même, et aussi ce qui ressort d'une vue d'ensemble de ses principales batailles. Voilà, pourrions-nous dire encore, ce que l'on pouvait regarder comme certain *à priori*, par cette seule raison que pendant quinze ans Napoléon a conduit ses armées à la victoire ; mais on en sera encore bien autrement convaincu, si, sortant des théories et des généralités, on veut regarder d'un peu plus près celles qu'il a livrées de 1796 à 1815, et c'est maintenant ce que nous allons faire.

III.

La campagne de 1796 en Italie est essentiellement stratégique, je veux dire que c'est surtout par la rapidité de ses mouvements que Bonaparte, quoique inférieur en nombre à ses adversaires sur le théâtre des opérations, trouve le moyen de combattre successivement, dans des conditions avantageuses, leurs colonnes séparées. Au point de vue tactique, les batailles de Castiglione et de Rivoli seules méritent d'attirer l'attention.

Pendant les journées qui ont précédé la bataille de *Castiglione*, Bonaparte a refoulé la colonne de Quasdanowich qui, par l'ouest du lac de Garde, s'était avancé sur Brescia menaçant les communications de l'armée française ; il a battu le 3 août la colonne de droite de Wurmser qui, par Lonato, avait essayé de se joindre à Quasdanowich ; mais le maréchal autrichien, après avoir dégagé Mantoue, passe lui-même le Mincio le 4, ralliant ses divisions battues à Lonato. Le 5, les deux armées se trouvaient en présence près de Castiglione ; l'armée autrichienne forte de près de 30,000 hommes s'étendait de Solferino à Monte Medolano ; elle avait devant elle les divisions Augereau et Masséna présentant un effectif d'environ 20,000 hommes ; mais, de plus, Bonaparte appela à la bataille la division Sérurier de 5,000 hommes qui après avoir levé le siège de Mantoue, s'était d'abord retirée sur Marcaria, de manière à assurer les communications sur Crémone. Le 4 au soir, cette division se trouvait à Guirdizzolo, presque sur les derrières de l'armée autrichienne et à son insu. Le lendemain, elle devait prendre l'eunemi à revers, tandis qu'Augereau et Masséna l'attaqueraient de front ; mais, afin de lier ses attaques, Bonaparte porta sur la droite d'Augereau un détachement de toutes armes qui commença par enlever le monte Medolano, tandis que Sérurier menaçait les derrières des Autrichiens. Dès que cette double attaque fut dessinée, Augereau et Masséna, qui avaient d'abord paru disposés à reculer, se portèrent résolument en avant. L'armée autrichienne se retira rapidement et repassa le Mincio en désordre.

De toutes les batailles de Napoléon, il n'en est peut-être pas une seule qui rentre aussi bien dans le cadre que M. le commandant Camon voudrait présenter comme le type normal de la bataille napoléonienne.

A *Rivoli*, il en est tout autrement, on peut même dire que c'est le contraire. Tandis que le gros de l'armée autrichienne d'Alvinzi attaque la division Joubert, bientôt soutenue par Masséna, que Bonaparte amène de Vérone, la colonne de Lusignan ayant cheminé le long du lac de Garde, séparée du gros par le monte Baldo, a pour mission de prendre les Français à revers. Mais, quand elle se présente, Alvinzi est battu, et Bonaparte n'a qu'à se retourner avec quelques troupes pour faire mettre bas les armes au corps de Lusignan qui, en même temps, est attaqué par la division de réserve du général Rey, arrivant de Peschiera.

Il semble à première vue que le mouvement de Lusignan ressemble beaucoup à celui de Sérurier, mais en réalité l'analogie n'est qu'apparente.

A Castiglione, Bonaparte commence par établir entre ses attaques un lien tactique, de manière à en assurer le concert ; au contraire, entre Lusignan et le gros de l'armée d'Alvinzi, il n'y a qu'une liaison stratégique. Le corps chargé du mouvement tournant marche pour son compte, sans savoir ce qui se passe sur le point principal du champ de bataille. Il est chargé de *compléter* la victoire, mais il ne sert à rien pour *gagner* la bataille, et, comme elle est perdue par Alvinzi avant son arrivée, il se trouve sans ressources au milieu des divisions françaises.

On voit bien par ces deux exemples qu'il n'y a rien de systématique dans les dispositions de Bonaparte; chaque fois, il profite des circonstances et l'on peut dire que dans ces deux journées il obtient la victoire par des moyens inverses.

Cette vérité va se confirmer de plus en plus par l'examen des batailles suivantes :

Nous ne nous arrêterons pas à Marengo, où il n'y a évidemment pas de système en jeu ; la question stratégique est résolue d'avance ; quant aux difficultés tactiques qui se sont présentées pendant l'action, Bonaparte s'en est tiré comme il a pu, grâce à l'arrivée de Desaix. L'attaque inopinée des Autrichiens ne lui a pas laissé le temps de faire un plan de bataille.

Nous arrivons maintenant aux grandes batailles de l'empire. Ce sont celles-là surtout qui doivent fixer l'attention ; car en raison de l'expérience déjà acquise par Napoléon, venant s'ajouter à son génie naturel, ce sont elles surtout qui devraient mettre en relief son système, si la tournure de son esprit avait pu le porter à en adopter un.

A *Austerlitz*, après avoir reculé pendant deux jours, il laisse encore l'initiative de l'attaque à l'ennemi ; il a deviné que celui-ci va essayer de déborder la droite de l'armée française pour la couper de Vienne. Il le laisse faire ; mais, dès le commencement de la bataille, la lutte s'engage sur toute la ligne. Pour soutenir son attaque débordante, l'armée russe dégarnit son centre. C'est ce que Napoléon attendait pour attaquer Pratzen, couper en deux l'armée russe et prendre à revers ceux qui ont voulu le déborder. Par la simplicité de la conception et par la précision de l'exécution, cette bataille est un chef-d'œuvre achevé.

Il y a bien une attaque débordante, mais du côté de l'ennemi ; M. le commandant Camon d'ailleurs le reconnaît bien, mais il n'y voit qu'une exception.

A *Iéna*, les conditions sont tout autres ; comme à Marengo, la question stratégique est déjà résolue : Napoléon est sur les derrières des Prussiens. Pour apprécier le caractère de la bataille, il faut la distinguer de celle d'Auerstædt ; elles n'ont de rapport entre elles qu'au point de vue stratégique ; au point de vue tactique, elles sont complètement indépendantes l'une de l'autre. Ce qui se passe sur l'un des champs de bataille n'a aucune influence sur le développement de la lutte sur l'autre. Quant à la bataille d'Iéna même, on doit remarquer d'abord qu'elle diffère de celle d'Austerlitz, en ce que ce n'est pas une bataille préparée tactiquement. Les deux armées ne sont pas préalablement déployées l'une en face de l'autre ; il n'y a d'aucun côté un plan nettement arrêté à l'avance. Napoléon s'est heurté à l'armée prussienne ; il se porte à sa rencontre, ses corps se déploient et s'engagent au fur et à mesure qu'ils arrivent, et comme l'armée française est supérieure par le nombre et par la qualité, elle refoule partout l'armée prussienne. Il n'en fallait pas davantage pour tirer par le combat les conséquences que comportaient les mouvements stratégiques des journées précédentes ; mais il est manifeste qu'il n'y a dans cette bataille aucune idée systématique : le mouvement débordant de Soult à la droite résulte tout naturellement de ce que le front de l'armée française est plus étendu que celui de l'ennemi. D'ailleurs, tous les corps de Napoléon se tiennent aussi bien qu'à Austerlitz, et ce n'est certainement pas à Iéna qu'il faut chercher l'application d'un type normal.

La troisième grande bataille, celle de *Friedland*, diffère autant des deux autres que celles-ci entre elles ; c'est tout à fait une bataille de rencontre, mais qui résulte d'une rencontre prévue par Napoléon, comme le mouvement débordant d'Austerlitz. Il a deviné que l'ennemi, qui, à la suite de la bataille d'Heilsberg, s'est retiré par la rive droite de l'Alle, va essayer de repasser cette rivière pour se rapprocher de Kœnigsberg, et qu'il choisira Friedland pour point de passage. Il s'y porte de son côté par la rive gauche et, dès que l'armée russe débouche, la bataille s'engage. Tandis que Napoléon contient l'ennemi avec sa gauche, il prononce l'attaque décisive en dirigeant sa droite sur les ponts.

Où est l'attaque débordante dans ce nouveau chef-d'œuvre ? Il n'en est pas trace. Il y a simplement une manœuvre suggérée à Napoléon par les circonstances et dont il a su profiter avec la supériorité de son génie. Quant au dispositif systématique, où se trouve-t-il ? Nulle part, pas plus qu'à Austerlitz ou à Iéna ; mais comme dans ces deux batailles, tous les corps français se tiennent liés aussi intimement que possible.

Poursuivons et arrivons à 1809.

Il y a d'abord, après la jonction des Bavarois avec Davout, la bataille d'Abensberg qui a un résultat de haute importance au point de vue stratégique, celui de rompre l'armée autrichienne, mais qui, au point de vue tactique, ne présente aucune particularité digne d'être signalée. Ensuite, Napoléon refoule la gauche ennemie sur l'Isar, tandis que Davout contient la droite, et enfin vient la bataille d'Eckmühl qui doit avoir pour résultat de rejeter l'archiduc sur Ratisbonne ; mais au point de vue tactique, il n'y a rien de systématique.

Où est le mouvement débordant exécuté par une masse secondaire qui n'existe pas et appuyé par la cavalerie venant inopinément jeter le trouble et l'épouvante sur les derrières de l'ennemi ?

Il y a bien un grand combat de cavalerie à Egglosfheim, mais seulement quand la bataille est à peu près terminée et que la cavalerie autrichienne se dévoue pour sauver l'infanterie d'un désastre, et l'action, loin de se passer sur une aile, a lieu au centre où se trouve réunie la cavalerie française entre les divisions Gudin et Saint-Hilaire. Il n'y a donc rien de systématique dans cette nouvelle bataille de Napoléon, dont les dispositions n'offrent aucune ressemblance avec celles d'Austerlitz, d'Iéna et de Friedland.

Après Ekmühl, arrivons à Wagram, sans nous arrêter à Essling, où Napoléon n'a évidemment pas eu le loisir d'exécuter un plan de bataille préparé. A Wagram, comme partout auparavant, Napoléon s'engage sur toute la ligne ; sérieusement menacé sur la gauche et au centre, il y porte ses renforts et contient l'ennemi, pendant que Davout à droite le refoule et détermine sa retraite. Il y a là un léger mouvement débordant qui, combiné avec l'attaque d'Oudinot, situé à la gauche de Davout, amène la victoire. Mais les batailles de tous les temps ont toujours été gagnées par un succès bien accusé sur un point, et il faut bien que ce soit sur une aile ou au centre. A Austerlitz, à Friedland, c'est au centre, à Wagram sur une aile; il n'y a là rien de systématique. Il en est de même à La Moskowa, et, en constatant le fait, nous croyons que Napoléon aurait mieux fait de donner à son mouvement débordant une plus grande envergure: mais il avait pour principe qu'il faut déborder l'ennemi sans séparer l'armée, et jusqu'en 1812 il ne s'était jamais départi de cette règle.

Voyons maintenant les batailles de 1813 :

D'abord Lutzen rentre encore dans la catégorie des batailles de rencontre, mais que Napoléon a regardée, sinon comme certaine, du moins comme possible. C'est pour cela que, tandis qu'il porte le gros de son armée dans la direction de Leipzig, il établit solidement Ney sur sa droite; dès que ce dernier est attaqué par les Alliés, Napoléon renverse tout son ordre de marche pour appuyer son lieutenant. C'est ainsi que Marmont vient se former à la droite de Ney, la garde en arrière et Macdonald à gauche.

Napoléon prend ses corps là où ils sont, pour les amener à la bataille par le plus court chemin et les y engage droit devant eux. Rien de plus simple, mais rien de moins systématique.

Bautzen, au contraire, est une bataille rangée et préparée par Napoléon. Cette fois il y a bien un mouvement débordant prévu et nettement prescrit : pendant que Napoléon attaquera de front avec le gros de l'armée, Ney, venant de Torgau, doit déborder la droite de l'ennemi en menaçant sa ligne de retraite. Mais pour *la première fois* de sa carrière militaire, Napoléon prescrit un mouvement débordant sans liaison avec la masse principale. Il n'a pas eu à s'en féliciter, et, si la victoire n'a pas été plus décisive, nous pensons que ce n'est pas à Ney qu'il faut s'en prendre; son hésitation a eu pour cause son isolement et il en eût été tout autrement si Napoléon, en l'appelant à la bataille, eût exécuté avec les forces qu'il avait sous la main, un mouvement vers la gauche pour se lier intimement à son lieutenant.

Si c'est ce dispositif qu'on veut nous présenter comme le caractère des batailles de Napoléon, nous croyons qu'il faut éviter de le prendre pour modèle et qu'il est préférable de s'en tenir aux exemples d'Austerlitz et de Friedland. Car c'est bien le cas de dire que l'exception confirme la règle, et que si Napoléon n'a pas obtenu le succès décisif qu'il avait le droit d'attendre de sa supériorité numérique, c'est justement en s'écartant des principes qu'il avait toujours appliqués dans ses précédentes campagnes.

Or, je dis que *c'était bien la première fois* que Napoléon prenait de pareilles dispositions, et c'est vouloir comparer des situations absolument distinctes que de rapprocher la bataille de Bautzen de celle d'Iéna, en assimilant le rôle de Davout à Auerstædt à celui de Ney à Wurschen.

Ainsi que je l'ai fait remarquer plus haut, Iéna et Auerstædt sont deux batailles distinctes au point de vue tactique; les résultats de la lutte sur les deux champs de bataille sont absolument indépendants l'un de l'autre. Il n'en est pas de même à Bautzen; c'est bien l'arrivée de Ney, quoique tardive, qui décide le gain de la bataille et la retraite de l'ennemi. Son rôle est donc essentiellement tactique, ce qui ne l'empêche pas en même temps d'avoir une importance stratégique, parce que son mouvement, après avoir servi à gagner la bataille, menace la ligne de retraite de l'ennemi. Mais au fond il n'y a aucun rapport avec le rôle de Davout à Auerstædt; la tâche assignée à ce dernier par Napoléon est essentiellement stratégique; elle est antérieure à la bataille, elle consiste à fermer un passage par lequel l'armée prussienne pouvait échapper à Napoléon.

Ces deux situations sont donc complètement dissemblables et l'on éviterait de les renfermer dans un même type, si l'on commençait par bien définir les objets de la stratégie et de la tactique en les distinguant d'après des caractères naturels et non pas arbitraires, c'est-à-dire en faisant reposer les définitions sur la nature même des opérations : le choix des directions à suivre et des positions à occuper est du domaine de la stratégie; les dispositions à prendre pour les attaquer ou les défendre, en tenant compte des propriétés des armes et de celles du terrain, sont le caractère de la tactique. On voit ainsi que Napoléon dirigeant Davout sur le défilé de Kōsen ne s'est pas écarté de ses propres principes, parce qu'il n'a pas d'abord en vue son rôle sur le principal champ de la bataille, tandis qu'il en est autrement à Bautzen, où, je le répète, il a pour la première fois essayé de déborder l'ennemi en séparant son armée.

Malheureusement ce ne devait pas être la dernière, notamment dans la campagne d'automne de 1813. A Dresde, Napoléon attaque par les deux ailes avec les forces qu'il a sous la main. On sait que Ney échoue à gauche, tandis qu'à la droite Murat, avec la cavalerie et le corps de Victor, décide la victoire. Il n'y a là rien de systématique ; ce qui fait le mérite des dispositions de Napoléon, c'est qu'elles sont appropriées au terrain et aux circonstances. Mais pour apprécier l'opération dans son ensemble, il ne faut pas omettre le rôle attribué à Vandamme, qui doit déboucher de Königstein et attaquer la droite ennemie, pendant que Napoléon agira de front. Est-ce là le mouvement débordant de la masse secondaire qui caractériserait la bataille napoléonienne ?

On pourrait le croire si l'on considère seulement la distribution des forces la veille de la bataille (en tout cas ce ne serait encore qu'une exception). Mais si l'on remonte un peu plus haut, on voit que c'est par suite de circonstances particulières que Napoléon a été amené à prendre de pareilles dispositions. On sait, en effet, que sa première idée[1] avait été de déboucher de Königstein avec toute son armée, sauf le corps de Gouvion-Saint-Cyr qui doit garder Dresde, et que c'est la crainte de voir enlever cette ville avant son arrivée qui l'amena à modifier ses premiers projets. Mais au moment où il change ses dispositions, Vandamme est déjà tout près de Königstein. Napoléon estime qu'au lieu de l'attirer sur Dresde, par la rive droite de l'Elbe, il vaut mieux le charger d'exécuter seul le mouvement que d'abord devait faire le gros de l'armée. La répartition des forces françaises, la veille de la bataille, est assez semblable à celle d'Iéna ; mais en réalité Vandamme n'a pas joué le même rôle que Davout, car, au lieu d'être attaqué comme ce dernier, c'est lui qui doit prononcer un mouvement offensif sur la droite de l'armée de Bohême.

---

[1] Voir *La Campagne d'automne de 1813*, pages 28 et suiv.

On sait d'ailleurs qu'isolé, comme Ney à Bautzen, Vandamme montra quelque timidité et n'arriva le jour de la bataille que jusqu'à Pirna, ce qui ne veut pas dire qu'il fut complètement inutile, car il a retenu devant lui une fraction importante de l'armée alliée. Mais ce qui est plus grave c'est que, ayant vaincu sans lui, Napoléon le chargea d'achever la victoire en l'envoyant seul sur les derrières de l'armée battue.

On sait que ce fut, au contraire, pour les Alliés l'occasion d'un important succès qui détruisit complètement l'effet de la bataille de Dresde.

Quelques écrivains ont essayé de rejeter la cause du désastre de Vandamme sur les lieutenants de Napoléon et spécialement sur Gouvion-Saint-Cyr ; pour nous, il n'est imputable qu'à l'Empereur lui-même[1]. En tout cas, il ne faut pas voir, dans le dernier mouvement de Vandamme, l'action débordante systématique d'une masse secondaire pour décider la victoire.

Quand Napoléon le dirige sur Kulm, la bataille est gagnée ; il ne s'agit plus pour Napoléon que de recueillir des fuyards, et le désastre de Vandamme n'a qu'une cause, c'est que Napoléon s'est trompé sur la situation de l'armée ennemie, qu'il croyait démoralisée comme après Austerlitz ou Iéna, tandis qu'elle avait encore les moyens et la volonté de lutter.

Mais, en réalité, ce sont presque toujours de pareilles erreurs qui amènent les défaites. Ce qui fait qu'on est vainqueur ou battu, ce n'est pas l'application plus ou moins rigoureuse d'une formule qui n'a existé dans aucun temps, mais simplement que l'on juge mal la situation matérielle et morale de l'adversaire. Ce qui est certain, c'est que si l'isolément de Ney à Bautzen a eu pour résultat une victoire incomplète, celui de Vandamme à Kulm a amené un désastre.

A la suite de la bataille de Dresde et de ses conséquences immédiates, Napoléon reste six semaines sans livrer une véritable bataille. Il se tient attaché à Dresde, ne faisant plus que des mouvements sans portée, et son inaction relative, contraire à tout ce qu'il avait fait dans ses autres campagnes, n'a pour résultat que l'affaiblissement de son armée, tandis que ses adversaires, dont

---

[1] Voir à ce sujet *La Campagne d'automne de 1813*, pages 62 et suiv.

les forces matérielles augmentent de jour en jour, deviennent plus confiants et plus audacieux. Après son mouvement sur Düben (9 et 10 octobre), voyant Blücher lui échapper encore une fois, il se porte sur Leipzig pour y livrer une bataille décisive dans les conditions les plus défavorables. Nous reviendrons un peu plus loin sur les dispositions de cette bataille, mais il est visible à première vue qu'il n'y a rien de systématique dans les projets de Napoléon. D'ailleurs, ses adversaires ne lui ont pas laissé l'initiative, ils ont prévenu son attaque et ne lui ont pas donné le temps d'agir à sa guise.

Après Leipzig, on peut s'arrêter sur la belle bataille de Hanau où il n'y a la réalisation d'aucun type normal; la victoire est due à d'habiles dispositions tout à fait conformes au terrain et à la situation de l'ennemi.

Quant à la campagne de 1814, on peut dire que, comme celle de 1796, elle est essentiellement stratégique. Napoléon, malgré son infériorité numérique, trouve le moyen d'obtenir de brillants succès en répondant à la division de ses ennemis par la liaison de ses forces et la rapidité de ses mouvements. Au point de vue tactique, Montmirail ressemble en petit à Austerlitz, c'est le contraire d'une action débordante; à Craonne, c'est l'action combinée de la droite et du centre qui décide la victoire.

A Laon, Napoléon accentue le défaut de Bautzen, en isolant Marmont, et la négligence de ce maréchal amène la déroute de son corps d'armée; mais sans cette faute de son lieutenant, il est à peu près certain que Napoléon aurait néanmoins échoué; en tout cas, il ne faut pas voir, dans les dispositions auxquelles il s'est arrêté, la réalisation d'un type normal. Il y a bien l'action simultanée d'une masse principale et d'une masse secondaire, mais tandis qu'à Bautzen il les rapproche, après Craonne il les sépare. Napoléon n'avait jamais rien fait de semblable, et le résultat n'est pas de nature à recommander l'exception.

Enfin, en 1815, à Ligny, Napoléon s'est bien proposé de déborder la gauche de Blücher avec le corps de d'Erlon; mais n'ayant pas ce corps sous la main, il n'a pu lui donner d'instructions précises, et il en est résulté des marches et des contre-marches qui l'ont tenu éloigné du principal champ de bataille et de celui des Quatre-Bras.

Quant à Waterloo, on peut dire que la bataille, comme celle de

Leipzig, a été perdue stratégiquement, parce que Napoléon n'avait pas prévu le retour de Blücher.

En somme, l'examen des batailles de Napoléon de 1796 à 1815 montre de la manière la plus évidente qu'il n'y a chez lui rien de systématique. Il a obtenu la victoire lorsque, ayant de grands moyens, il a vu juste dans les dispositions de ses adversaires ; il a été battu lorsque, avec des moyens inférieurs, il s'est mépris sur les intentions de l'ennemi.

Il est vrai que quelques écrivains ont prétendu que ses défaites provenaient de ce qu'il avait été mal secondé par ses lieutenants. C'est l'avis de M. le commandant Camon.

Voici, en effet, ce qu'on lit dans l'avant-propos de sa brochure (page 7) :

« Ce n'est pas le temps seul qui échappe au général, c'est l'ennemi qui trompe son attente, ses collaborateurs qui comprennent mal sa pensée et détruisent souvent toute l'économie de son plan, comme Marmont à Leipzig, Ney à Ligny. »

Qu'est-ce à dire ? Que Marmont est la cause de la défaite de Leipzig, et Ney de ce que Ligny n'a pas été une victoire décisive ? Pour Ligny, ce jugement a été souvent exprimé, mais il n'en est pas de même au sujet du rôle de Marmont à Leipzig : la plupart des critiques ont trouvé autre part la cause de la défaite de Napoléon.

M. le commandant Camon n'a pas donné les raisons de son appréciation, mais ce sont les mêmes, peut-être, que celles qui se trouvent dans un opuscule intitulé : *Fragments stratégiques sur la campagne de* 1813. Le sujet mérite que l'on si arrête, et quoiqu'il nous écarte des questions que nous avions surtout en vue de discuter, nous allons, avant de terminer, ouvrir une grande parenthèse pour examiner ce qu'il faut penser du rôle de Marmont à Leipzig et des vraies causes de la défaite de Napoléon.

IV.

Pour bien apprécier les dispositions de Napoléon à Leipzig et la responsabilité qui lui revient dans les causes de ce désastre, il faut remonter les événements de quelques jours et bien se rendre compte de la situation des armées en présence et de ce que l'Empereur en savait, lorsqu'il quitta de sa personne, Düben, le 14 octobre au matin. Le 10, il était arrivé dans cette ville, ayant sous la main 140,000 hommes, avec l'intention de combattre séparément ou successivement les armées de Blücher et de Bernadotte, fortes chacune de 60,000 hommes. Mais à son approche, ces derniers s'étaient dérobés en se couvrant de la Mulde pour marcher ensuite sur la Saale [1]. Napoléon se méprend d'abord sur les directions qu'ils ont suivies en lui échappant. Le lendemain de son arrivée à Düben (11), il croit qu'ils vont repasser sur la rive droite de l'Elbe pour couvrir Berlin, et il se dispose à les y suivre en débouchant par Wittenberg. Le jour suivant (12), il apprend par Marmont que Blücher s'est porté dans la direction de Halle; mais, croyant toujours que Bernadotte s'est retiré sur la rive droite, il se prépare à marcher sur Leipzig, dans le but de s'interposer entre Blücher et Schwarzenberg, sachant que ce dernier, contenu par Murat, n'approche que lentement de Leipzig. Il emploie la journée du 12 à détruire les ponts de l'Elbe par où Bernadotte pourrait revenir sur la rive gauche, et il met son armée en marche sur Leipzig le 13 au matin, lorsqu'il reçoit la nouvelle de la défection de la Bavière.

Ce mouvement était en pleine voie d'exécution, lorsque Napoléon apprend la véritable situation de Bernadotte qui se trouve non pas sur la rive droite de l'Elbe, mais sur la Saale, à proximité de Blücher. Cependant la marche sur Leipzig continue. L'auteur des *Fragments stratégiques* est d'avis qu'elle s'imposait; nous croyons, au contraire, que Napoléon ne pouvait rien faire de pire, car il n'avait plus que 190,000 hommes tandis que ses adversaires en avaient 280,000, sans compter une quatrième armée que Benningsen amenait des environs de Dresde sur Leipzig.

Cependant, cela ne suffit pas pour expliquer le désastre de l'armée française; car, quoique la situation dans laquelle Napoléon allait se mettre fût très périlleuse, il pouvait peut-être s'en tirer heureusement si ses adversaires commettaient de grosses

---

[1] Voir, pour plus de détails, *La Campagne d'automne de* 1813, pages 110 et 111.

fautes, et s'il trouvait le moyen d'en profiter en les attaquant successivement avant leur réunion et en les battant l'un après l'autre. La question est donc de savoir si ces adversaires lui ont donné des avantages dont il aurait pu profiter et, dans le cas de l'affirmative, pour quelle raison il n'en a pas tiré parti.

Au moment où Napoléon se disposait à passer l'Elbe pour se porter sur la rive droite avec le gros de ses forces, il avait prescrit à Murat de contenir Schwarzenberg le plus longtemps possible et, pour le cas où il serait obligé d'abandonner Leipzig, de se retirer sur la Mulde dans la direction de Torgau. Mais lorsque, au contraire, il prit le parti de marcher lui-même sur Leipzig, il donna l'ordre au roi de Naples de faire tous ses efforts pour se maintenir au sud de là ville. Murat disposait déjà de 70,000 hommes, en comptant la garnison de Leipzig et les renforts qui venaient d'arriver avec Augereau[1]. Afin de lui faciliter sa tâche, il avait prescrit à Marmont de l'appuyer, ce qui devait réunir 90,000 hommes à Leipzig. Le duc de Raguse s'était mis en mouvement dans la direction de cette ville, le 12; mais, avant d'y être arrivé, il reçut de nouvelles instructions lui prescrivant de s'établir au nord-ouest afin d'observer les mouvements de Blücher et en couvrant ceux de l'armée française de Düben sur Leipzig, et Murat eut l'ordre de n'appeler à lui Marmont qu'à la dernière extrémité.

Le 14 octobre, à midi, Napoléon, en arrivant à Leipzig, y trouva Murat aux prises avec Schwarzenberg, au sud de la ville. Le roi de Naples n'eut pas besoin de l'appui de Marmont pour repousser les attaques de l'armée de Bohême et il se maintint sur les positions de Wachau et de Liebert-Wolkwitz. Il allait être bientôt renforcé de la garde et de Macdonald, qui devaient arriver sur la Partha, le 14 et le 15, et qui devaient porter ses forces à 125,000 hommes, y compris la garnison de Leipzig.

Quant à Marmont, dès le 13, il était arrivé à Breitenfeld près de la position où Gustave-Adolphe avait, jadis, livré bataille à Tilly. Après l'avoir reconnue, il fit savoir à Napoléon que, en se fortifiant avec soin et à la condition d'être renforcé de 10,000 hommes dont l'appui était nécessaire pour utiliser tous

---

[1] La division Lefol était arrivée le 10 ; la division Sémelé, avec la cavalerie Milhaud, le 12 (en tout, 22,000 hommes).

les avantages de la position, il pourrait y tenir tête facilement à des forces triples des siennes.

Napoléon avait le moyen d'envoyer à Marmont le renfort que celui-ci lui demandait, car Bertrand, avec le 4e corps, arrivait, le 14, à proximité de Leipzig; cependant, l'Empereur ne le mit pas à la disposition du duc de Raguse, parce qu'il n'était nullement fixé sur les projets de Blücher. D'abord, il parut disposé à penser que ce dernier arriverait sur Leipzig par la droite de l'Elster, mais ensuite il crut plutôt que l'armée de Silésie passerait cette rivière afin de se relier plus intimement à Schwarzenberg.

D'après ces vues, il donna l'ordre à Bertrand de rester à Euterisch, d'où, suivant les circonstances, il serait en mesure d'appuyer, soit Marmont, soit le duc de Padoue, qui devait défendre Lindenau de l'autre côté de la rivière.

Le 15, il semble tout à fait convaincu que c'est par là qu'arrivera Blücher et, quoique Marmont lui ait fait savoir le soir que l'armée prussienne approchait par la route de Halle et que l'on pouvait voir ses feux, ne tenant pas compte de ce renseignement, Napoléon lui fait écrire par Berthier de se tenir prêt à venir le rejoindre au sud de Leipzig; que, s'il n'arrive de ce côté qu'un détachement de l'armée de Silésie, Bertrand sera suffisant pour le contenir, mais que, au contraire, si l'ennemi se montre en force, Marmont, Bertrand et les forces qu'amène le maréchal Ney sont destinés à lui être opposés.

Ces forces comprenaient le 3e corps (Souham), la division Dombrowski et le 3e corps de cavalerie. Le soir du 15, le 3e corps n'était pas encore en entier sur la Taucha. En dehors de ces forces, il ne restait que les 15,000 hommes de Reynier (dont moitié Saxons) qui devaient arriver à Düben seulement le 16, et à Leipzig le 17. Telle est la situation de l'armée française le 16 octobre au matin.

A 7 heures, Napoléon écrit de nouveau à Marmont pour l'inviter à venir se placer entre Leipzig et Liebert-Wolkwitz, où il servira de réserve à l'armée. En même temps, afin d'avoir néanmoins quelques troupes pour observer la direction de Halle, il fait savoir à Ney que le 3e corps devra remplacer le duc de Raguse de manière à appuyer la cavalerie qui doit éclairer toute la route.

A 9 heures, Napoléon était au milieu de la garde à la Bergerie de Mensdorf, en arrière de l'intervalle qui séparait les villages de Wachau et de Liebert-Wolkwitz. Il aurait voulu entrer de suite en action contre l'armée de Bohême, mais une partie de ses forces n'étaient pas encore rendues sur le champ de bataille, et notamment Macdonald qui, avec la cavalerie de Sébastiani, devait opérer à gauche et déborder la droite ennemie. Il était contraire à ses principes de faire des attaques décousues, il dut donc attendre leur arrivée pour engager la lutte. Mais pendant qu'il faisait ses derniers préparatifs, les souverains alliés et Schwarzenberg, craignant de voir accabler Blücher que l'on savait en mouvement par le nord, prirent l'offensive.

Peu de temps après l'arrivée de Napoléon, ils ouvrirent le feu qui, en quelques instants, s'étendit sur toute la ligne. L'Empereur put voir que trois colonnes distinctes se disposaient à aborder nos positions de front : c'étaient les Prussiens de Kleist marchant sur Mark-Kleeberg, les Russes du prince Eugène de Wurtemberg et de Gortchakow, soutenus chacun par une brigade prussienne qui s'avançaient sur Wachau et sur Liebert-Wolkwitz; en outre, à notre gauche, Klénau semblait disposé à déborder notre position. Sur-le-champ, les trois villages furent garnis de l'infanterie des corps 8, 2 et 5; leur artillerie, soutenue par celle de la jeune garde, prit position sur les hauteurs voisines et la lutte commença.

Napoléon, obligé de recevoir la bataille, s'occupa d'abord de renforcer les points attaqués. Augereau, Oudinot et Mortier sont chargés d'appuyer la résistance de Poniatowski (8e corps), de Victor (2e) et de Lauriston (5e).

A Liebert-Wolkwitz et à Wachau, ces deux derniers tinrent ferme, quoique ayant affaire à des forces très supérieures, et sans avoir besoin de faire appel à l'appui de la jeune garde. Mais Poniatowski, qui n'avait que 9,000 hommes à opposer aux 20,000 de Kleist, fut obligé d'abandonner Mark-Kleeberg, et l'arrivée d'Augereau ne put que lui permettre de se maintenir un peu en arrière.

Afin d'arrêter complètement les progrès de Kleist, Napoléon lança sur lui les 4e et 5e corps de cavalerie. Les Prussiens furent contenus, mais bientôt nos dragons, pris en flanc par les cuirassiers de Levachoff, furent ramenés; cependant l'entrée en ligne d'une nombreuse artillerie empêcha Kleist de poursuivre son succès.

Tandis que la lutte déjà très meurtrière se développait ainsi sur la droite de la Pleisse, les Autrichiens, qui s'étaient avancés entre la Pleisse et l'Elster, essayèrent d'enlever le pont de Connewitz, mais échouèrent complètement devant la résistance de la division Lefol [1].

A 11 heures, le bruit du canon n'avait pas encore retenti du côté de Lindenau, ni au nord de Leipzig; Ney avait même fait dire qu'il allait diriger un de ses corps sur Liebert-Wolkwitz; d'autre part, Macdonald et Sébastiani commençaient à déboucher d'Holzhausen. Napoléon, comptant sur ces renforts et ayant bien jugé les dispositions de l'ennemi, s'arrêta à l'idée de combiner une attaque de front avec une attaque par la gauche de manière à déborder la droite ennemie.

A cet effet, Victor, soutenu par Oudinot, et Lauriston, soutenu par Mortier, eurent l'ordre de déboucher les premiers de Wachau, les seconds de Liebert-Wolkwitz, ayant entre eux toute l'artillerie de la garde. En même temps, Macdonald et Sébastiani durent s'avancer sur Gros-Possnau et le bois de l'Université, en refoulant Klénau.

Ainsi, avant midi, la bataille était engagée sur tout le front de l'armée au sud de Leipzig. Elle allait se dérouler avec des péripéties diverses, — sur lesquelles nous ne nous arrêterons pas, — sans amener un résultat décisif.

De l'autre côté Marmont, conformément aux ordres qu'il avait reçus, se mit en marche pour traverser Leipzig, mais à peine eût-il abandonné la position de Breitenfeld, qu'il fut attaqué en queue par Blücher. Il fit volte-face de manière à résister à l'armée prussienne. Or voilà, quelle serait la faute impardonnable de Marmont, celle qui a amené la perte de la bataille, la chute de Napoléon et l'abaissement de la France [2].

C'est une bien grave accusation, mais nous ne la croyons pas motivée. Marmont a d'assez grosses fautes sur la conscience pour qu'on ne lui en impute pas dont il est exempt, et nous

---

[1] Cette division, formée de bataillons de marche, avait versé une partie de ses hommes dans les autres corps et ne comprenait que 6,000 hommes.

[2] Voir *Fragments stratégiques*, page 74.

allons essayer de montrer que le duc de Raguse ne pouvait raisonnablement pas éviter de faire tête à Blücher, et que, du reste, s'il s'était dérobé à l'armée prussienne, cela n'eût pas changé notablement les résultats de la journée dans leur ensemble.

Il est d'abord manifeste que, quand Marmont est attaqué par l'ennemi, il est obligé de lui faire tête; s'il eût continué son mouvement rétrograde, il aurait été bousculé avant de pouvoir être soutenu par Bertrand ou par Ney qui étaient à deux lieues de distance. D'ailleurs, l'ordre de Napoléon de traverser Leipzig n'était que conditionnel : il supposait que Blücher n'arriverait pas en force par la route de Halle; dans le cas contraire, non seulement Marmont doit s'opposer à l'ennemi, mais Bertrand et Ney doivent l'appuyer. Les *Fragments stratégiques* (page 75) prétendent qu'en donnant cet ordre, Napoléon ne voulait le concours des trois corps d'armée que si Blücher et Bernadotte arrivaient simultanément. Mais c'est là une supposition toute gratuite; pour s'en convaincre, il suffit de lire l'ordre même envoyé par Berthier le 15, à 11 heures du soir, sur lequel l'auteur s'appuie pour soutenir son argumentation (page 73) :

« L'Empereur livre demain bataille à l'armée autrichienne à la hauteur de Liebert-Wolkwitz, où le quartier général de l'Empereur sera demain 16, à 7 heures du matin. Si vous n'avez que de la cavalerie ou peu d'infanterie devant vous, poussez-la loin et tenez-vous prêt à joindre l'Empereur. Le général Bertrand serait suffisant pour garder la position de ce côté, *si toute l'armée de Silésie ne débouche pas par là*. Dans le cas contraire, le corps du prince de La Moskowa est à Mockau, et, si l'ennemi débouchait devant vous en grande force, votre corps, celui du général Bertrand et celui du prince de La Moskowa sont destinés à lui être opposés. »

Or, cet ordre ne comporte que deux hypothèses : Ou bien Marmont n'aura devant lui qu'un faible détachement d'infanterie ou de cavalerie, alors il partira, et Bertrand suffira à contenir ce détachement; ou bien l'ennemi débouchera en force, alors il restera et sera soutenu par Bertrand et par Ney. Il n'y a pas à faire intervenir une troisième hypothèse par des distinctions subtiles. Napoléon ne précise pas l'effectif qui devra déterminer le mouvement, mais l'arrivée de toute l'armée de Silésie, qui, comprenant 60,000 hommes, devait être considérée comme une grande force pour Marmont qui n'en avait que 20,000.

Le lendemain, à 7 heures du matin, Napoléon confirme cet ordre en appelant Marmont à lui; en même temps il donne à Berthier les instructions suivantes, vers 9 heures :

« Donnez ordre au prince de La Moskowa de se tenir dans la journée près de Leipzig. Il aura sous ses ordres le 6e corps, le 4e et le 3e, les divisions Lorge, Defrance et Fournier. Si, ce matin, on n'avait point aperçu d'armée débouchant par Halle, comme tout porte à penser qu'on n'a rien vu, le duc de Raguse repassera le pont de Leipzig et viendra se mettre en bataille entre Leipzig et Liebert-Wolkwitz, ses trois divisions en échelons, et lui, il restera à une demi-lieue, sur la grande route de Liebert-Wolkwitz, dans une maison où il établira son quartier général. Il enverra un aide de camp auprès de moi, afin qu'on puisse le retrouver et le mettre rapidement en marche, si cela me paraît nécessaire, pour prendre part à la bataille, ou pour se porter dans la ville, ou pourvoir à tout événement imprévu. La division Lorge forme l'avant-garde [1], et, fournissant les reconnaissances qui sont sur le chemin de Halle, le prince de La Moskowa fera remplacer l'infanterie par l'infanterie du 3e corps. Le général Bertrand restera en réserve à sa position ; le 3e corps (Souham) remplacera le duc de Raguse. »

Si cet ordre a été envoyé à 9 heures comme l'auteur des *Fragments stratégiques* le suppose, il ne pouvait avoir d'exécution avant 11 heures, et, comme le mouvement de Marmont y était toujours indiqué comme conditionnel, ce maréchal devait faire face à Blücher qui à ce moment était sur le point de l'attaquer. Il est bien évident que Napoléon n'appelait pas Marmont dans tous les cas. Il suffit, pour que ce dernier reste, que l'ennemi soit en force, et il est clair que l'on ne pourra apprendre s'il a 40,000 hommes, 60,000 ou 80,000, que par le développement du combat. Donc, Marmont, une fois attaqué, devait faire face à l'ennemi et, par suite, ne pouvait plus aller à Napoléon.

Mais, dit l'auteur, il aurait pu partir assez tôt, de manière à

---

[1] Arrière-garde par rapport au mouvement de Marmont.

éviter l'attaque de Blücher, à la condition de s'y préparer à l'avance. Nous trouvons encore cette appréciation fausse, car d'après les ordres qu'il avait déjà reçus [1], son départ était subordonné à une hypothèse qu'il savait complètement contraire à la réalité; il devait donc plutôt se mettre en mesure de résister à l'attaque de Blücher sur une position qu'il avait étudiée et fortifiée, et où il devait s'attendre à être soutenu dès que cette attaque se dessinerait. Il n'y avait donc aucune raison de se disposer à se mettre en route avant d'avoir reçu l'ordre de Napoléon qui lui parvint à 8 heures du matin. Dès que Marmont le reçoit, il prend de suite ses mesures pour l'exécuter, mais, même avec des troupes très manœuvrières, il faut un certain temps pour passer d'une formation préparatoire de combat à une formation en colonnes de marche, et, de plus, Marmont devait faire relever ses postes avancés par des troupes de Bertrand.

Il ne pouvait guère aller plus vite qu'il ne l'a fait, et, par suite, il ne pouvait pas éviter l'attaque de l'armée de Silésie.

Mais supposons que, pour un motif quelconque, Marmont ait pris ses dispositions pour partir à 8 heures, et éviter l'attaque de Blücher; que serait-il arrivé? On ne peut faire ici que des conjectures; mais admettons que son intervention sur le champ de bataille principal ait décidé la victoire, et qu'on ait forcé l'armée de Bohême à céder le terrain, il est plus que douteux qu'on l'ait obligée à se retirer en désordre. D'autre part, il ne faut pas oublier que Bertrand a été porté sur Lindenau, et par suite que Ney se serait trouvé seul vis-à-vis de Blücher avec Dombrowski et Souham, qui ensemble formaient à peine 20,000 hommes mal liés ensemble. Il est plus que probable qu'il eût été rejeté sur la Partha, car Marmont, qui avait à lui seul 20,000 hommes d'excellentes troupes, n'a contenu Blücher qu'avec l'appui de Dombrowski et de la division Delmas du 3e corps. En réalité, 30,000 hommes ont été opposés à Blücher, la tâche de Ney avec 20,000 hommes eût été beaucoup plus difficile, d'autant plus qu'il connaissait mal le terrain; dès lors, Napoléon pouvant craindre de voir déboucher Blücher le lendemain dans son dos, était

---

[1] Dans l'ordre du 15, au soir, il y a bien : « *Tenez-vous prêt à joindre l'Empereur*, mais seulement si Marmont n'a devant lui que de la cavalerie et peu d'infanterie »; or, il savait le contraire.

obligé de se retourner contre lui avec une partie de ses forces, en donnant à Schwarzenberg le temps de se remettre de sa défaite. Il ne faut pas oublier non plus que Bernadotte et Bennigsen approchaient du champ de bataille, et qu'ils devaient y arriver le 17, se joignant, l'un à Blücher, l'autre à Schwarzenberg.

Nous concluons de cette discussion que Marmont ne devait pas venir à la bataille, et que, s'il y était venu, cela n'aurait pas changé sensiblement le résultat des opérations dans leur ensemble. Nous pensons, au contraire, que s'il y avait pour Napoléon encore un moyen de se tirer d'affaire, c'était à la condition d'agir d'une manière absolument opposée, c'est-à-dire en maintenant Marmont à Breitenfeld, avec l'appui de Bertrand. Alors on avait toute sécurité de ce côté, et Ney pouvait venir à la bataille sans hésitation, sauf à envoyer Dombrowski sur Lindenau, si c'était nécessaire. Ce n'eût pas du tout été la même chose d'avoir la certitude de contenir Blücher à Breitenfeld, ou bien de s'exposer à se voir attaqué dans le dos en se retirant d'abord jusque sur la Partha. En somme, Napoléon voulait appliquer, sur le champ de bataille même, les propriétés des lignes intérieures. Or, autant l'emploi de ces lignes et des positions centrales est avantageux sur un théâtre étendu, autant il est dangereux sur un théâtre restreint.

Dans le premier cas, un échec subi par un corps secondaire n'a pas d'influence immédiate sur ce qui se passe à l'armée principale et, par conséquent, celle-ci a le temps d'achever son œuvre avant de se retourner d'un autre côté. Ainsi les défaites de Macdonald et d'Oudinot à la Katzbach et à Grossbeeren ne devaient pas nécessairement empêcher Napoléon de compléter la victoire de Dresde. En se détournant de l'armée de Bohême pour s'occuper de réparer les défaites de ses lieutenants, il a commis une faute grave qui a amené la défaite de Kulm et qu'il pouvait fort bien éviter. A Leipzig, il en eût été tout autrement. Si Blücher refoulait sur la Partha les forces qui lui étaient opposées, Napoléon n'avait plus aucune sécurité pour tirer parti de son succès, en supposant qu'il l'ait obtenu sur l'armée de Bohême; car ce n'était pas avec un détachement qu'arrivait Blücher, mais avec 60,000 hommes qui pouvaient être soutenus le lendemain par Bernadotte qui en avait autant; dès lors, Napoléon n'était plus maître de ses mouvements du côté opposé. Le jeu de ses forces n'avait plus l'élasticité suffisante pour lui permettre d'achever un de ses adversaires avant de se retourner sur l'autre. La situation eût été un peu meilleure en maintenant Marmont à Breitenfeld, car, avec Bertrand et le 3e corps de cavalerie, il y aurait certainement brisé l'effort de l'armée de Silésie, et Napoléon, renforcé des 12,000 hommes de Ney, aurait peut-être gagné complètement la bataille au sud. Dans ces conditions, n'étant pas menacé de l'arrivée de Blücher sur le principal champ de bataille, il pouvait reprendre la lutte contre l'armée de Bohême, le 17 à la pointe du jour, en y appelant encore Bertrand, tandis que ce dernier aurait été remplacé par Reynier auprès de Marmont qui, au besoin, se serait retiré en défendant le terrain pied à pied. Dans ces conditions, Napoléon pouvait peut-être rendre sa victoire décisive au sud, si l'armée de Bohême s'y était prêtée. Mais il n'y a rien de certain à ce sujet, car les Alliés agissaient avec autant de prudence que de résolution, et Schwarzenberg, au lieu de recevoir une nouvelle bataille immédiate, aurait bien pu se retirer en se rapprochant de Bennigsen, tandis que Bernadotte se joignait à Blücher.

Dès lors, la situation n'eût pas beaucoup différé de ce qu'elle a été en réalité; toutefois, Napoléon avait de meilleures chances et se trouvait moins vite enveloppé par ses ennemis.

Nous pensons donc que, s'il y a eu une faute commise pendant la première bataille de Leipzig, elle est imputable, non pas à Marmont qui avait fort bien jugé la situation et qui a exécuté les ordres qu'il a reçus aussi raisonnablement que possible, mais à Napoléon lui-même qui, au lieu de l'appeler à Leipzig, aurait dû le laisser à Breitenfeld en le renforçant comme il l'avait demandé.

L'explication de l'ordre de Napoléon et sa seule excuse, c'est que, malgré les assertions formelles de son lieutenant, il était convaincu *à priori* que Blücher n'arriverait pas par la route de Halle; autrement, non seulement il aurait maintenu Marmont à Breitenfeld, mais ses instructions portaient que dans ce cas, qui est celui de la réalité, Ney devait l'appuyer avec le 4e corps et le 3e, et, dans le bulletin de la journée du 16, Napoléon non seulement n'a pas reproché à Marmont d'avoir livré le combat de Möckern, mais il a dit que Ney aurait dû venir à son aide.

Il faut remarquer, d'ailleurs, que si le prince de La Moskowa avait exécuté cet ordre, cela n'aurait rien changé non plus à l'ensemble de la situation, si ce n'est que Marmont se serait maintenu sur sa position. La bataille restait toujours indécise au sud, et toutes les armées ennemies se seraient réunies le lendemain sur le champ de bataille.

Il y avait encore une autre manière d'engager, le 16, les actions qui se sont déroulées autour de Leipzig : c'eût été de rester sur la défensive au sud et d'attaquer au nord; mais, pour réussir, il aurait fallu y mettre beaucoup d'habileté et tendre un piège à Blücher qui probablement l'aurait évité, car il était aussi circonspect qu'énergique.

D'abord engager l'action avec l'armée de Bohême le plus tôt possible, mais se tenir prêt à passer à la défensive dès qu'elle aurait montré des forces considérables et même au besoin à reculer jusqu'à hauteur de Probstheyda sur les positions où l'on s'est défendu le 18; pour cela, il était suffisant de renforcer Murat seulement des troupes de Macdonald et de la moitié de la garde. En même temps prescrire à Marmont, renforcé de Bertrand, de tenir ferme à Breitenfeld, en plaçant seulement Dombrowski au confluent de la Partha pour le porter en cas de besoin sur Lindenau; laisser Blücher s'engager à fond sans lui opposer d'abord d'autres forces et, dès qu'il se serait usé dans l'attaque d'une position qu'il ne pouvait enlever en quelques heures, reprendre l'offensive non seulement avec le corps de Ney, mais avec une partie de la garde que l'on aurait rassemblés préalablement en arrière de la droite de Marmont.

Avec ces dispositions, si Blücher s'était laissé entraîner à engager ses troupes contre Marmont, non seulement il aurait échoué dans son attaque, mais il aurait essuyé une défaite complète l'obligeant à une retraite précipitée. Ensuite, le lendemain à la première heure, Napoléon pouvait reprendre l'offensive contre l'armée de Bohême en ramenant contre elle les 3e et 4e corps avec toute la garde, car Marmont, avec l'aide de Reynier, aurait suffi à contenir Blücher, si ce dernier, rallié par Bernadotte, avait tenté un retour offensif.

Voilà ce que Napoléon aurait pu faire si, comme à Austerlitz et à Friedland, il avait deviné les projets de ses adversaires. Mais, au contraire, il s'était complètement mépris sur leurs intentions.

Il était convaincu *à priori* que Blücher arriverait non pas par la route de Halle, mais par celle de Lutzen. Cependant il écrivait à Macdonald qu'un pareil mouvement serait une folie, et à Marmont que ce serait absurde. Mais c'était justement pour cela qu'il le croyait, parce qu'il était toujours convaincu que lui seul comprenait l'art de la guerre, et qu'il ne pouvait admettre que ses adversaires eussent profité des leçons qu'il leur avait données depuis quinze ans. Il pensait aussi qu'il leur imposait par sa présence. « Ils n'oseront jamais m'attaquer », disait-il à Marmont quelques jours plus tôt. Et au fond c'est cet état d'esprit qui est la cause de l'insuccès de toutes ses opérations en 1813. C'est cela surtout qui, dans ces journées décisives, l'a empêché de croire à l'arrivée de l'armée de Blücher par la route de Halle et, par suite, de prendre les dispositions qui convenaient à cette hypothèse.

Nous sommes loin de croire, du reste, que les dispositions que nous venons d'indiquer auraient sûrement amené la victoire décisive dont Napoléon avait besoin pour se tirer d'affaire; car Blücher était résolu à ne pas se compromettre, et il est fort probable qu'il ne serait pas tombé dans le piège qu'on lui aurait tendu, mais que, en s'engageant contre Marmont, il se serait réservé le moyen de se retirer en bon ordre si cela devenait nécessaire.

En somme, nous croyons, comme nous l'avons déjà dit[1], que, le 15 au soir, Napoléon avait perdu la partie stratégiquement, c'est-à-dire qu'il avait amené la bataille dans des conditions tellement défavorables qu'il ne pouvait plus espérer la victoire. Depuis que, à Düben, il avait laissé échapper les armées de Silésie et du Nord, en portant le gros de ses forces dans une direction opposée à celle que ses adversaires avaient prise, il ne pouvait plus empêcher leur concert avec l'armée de Bohême, et, lorsque ses forces furent réunies à Leipzig, celles de ses ennemis étaient maintenant trop nombreuses et trop rapprochées pour qu'il pût espérer les battre séparément. C'est pour cela qu'il avait commis une grosse faute en se portant de Düben sur Leipzig. Cependant, à la suite de la bataille du 16, cette faute était encore

---

[1] Voir *La Campagne d'automne de* 1813, pages 143 et suiv.

réparable, à la condition de profiter du répit que l'ennemi devait lui donner le lendemain pour se dérober. Il pouvait marcher en masse sur la Saale ou mieux se retirer sur l'Elbe pour le repasser à Torgau et à Wittenberg en faisant dégager Dresde, et revenir ensuite avec toutes ses forces par Magdebourg sur le Rhin. Il n'en fallait pas davantage pour assurer la grandeur légitime de la France. En acceptant, au contraire, la bataille du 18, Napoléon a commis une nouvelle faute qui est tellement grave que l'on peut dire que jamais général n'en a commis de moins excusable.

Voilà pourquoi Napoléon a été battu à Leipzig et comment se sont produits sa chute et l'envahissement de la France.

Et Marmont n'y est pour rien, Napoléon seul doit supporter toute la responsabilité de cette catastrophe.

Nous allons maintenant arriver à des conclusions analogues, en recherchant sur qui doivent retomber les fautes de la journée de Ligny.

Si, dans cette journée, le maréchal Ney n'a pas compris la pensée de Napoléon, c'est que ce dernier ne l'a pas exprimée en temps utile avec toute la netteté désirable.

En réalité, il s'agit de l'inaction de d'Erlon, et il est bien certain que son arrivée à Ligny aurait modifié complètement les résultats de la journée, car il en serait résulté la désorganisation complète des deux tiers de l'armée prussienne.

Mais le matin, Napoléon n'était nullement fixé lui-même sur les conditions de la bataille; pendant qu'il se porte au-devant des Prussiens, il ordonne à Ney d'attaquer les Anglais, et quand il engage la bataille de Ligny, son ordre à Ney prescrit seulement d'envoyer d'Erlon après avoir battu les Anglais; le mouvement de ce dernier était donc subordonné à un succès qui n'était rien moins que certain.

Il en eût été autrement si Napoléon eût expliqué à Ney qu'il n'était pas nécessaire de refouler les Anglais, mais qu'il était suffisant de les contenir; que pour cela, Ney n'avait pas besoin de d'Erlon, et que par suite il fallait envoyer aussitôt ce dernier sur le principal champ de bataille.

Avec ces dispositions, la journée aurait été ce qu'elle a été du côté de Ney, et d'Erlon serait arrivé à Ligny au moment décisif.

Plus tard, à 3 heures, Napoléon demande à Ney de manœuvrer sur la droite des Prussiens, en lui disant que le salut de la France est entre ses mains ; mais alors il est trop tard pour que l'exécution de cet ordre se fasse en temps utile. Au surplus, malgré des ordres mal donnés, Napoléon a eu un moment d'Erlon à sa portée ; pourquoi ne lui a-t-il pas donné l'ordre d'arriver sur le champ de bataille ?

Au contraire, d'Erlon est pris pour un corps ennemi par Vandamme, et Napoléon n'est pas sûr du contraire. Comment s'était-on trompé à si peu de distance ; comment la liaison n'était-elle pas mieux assurée ? Comment les officiers envoyés pour le reconnaître, ne l'ont-il pas amené sur le champ de bataille ? Au contraire, on le laisse s'éloigner ; il fallait l'attirer à tout prix, en lui prescrivant de laisser au besoin une division pour soutenir Ney et en prévenant ce dernier qu'il n'avait qu'à contenir les Anglais et qu'il n'était pas nécessaire de les refouler.

Sans doute, Ney a eu tort de rappeler d'Erlon après 5 heures, mais il ne l'aurait pas fait si Napoléon lui avait mieux marqué son rôle. Il était manifeste qu'en raison de son infériorité dans l'ensemble, il ne pouvait pas gagner simultanément deux batailles, mais seulement successivement.

Au lieu de dire à Ney, *battez* les Anglais et envoyez *ensuite* d'Erlon, il aurait dû dire : *contenez* les Anglais et envoyez *de suite* d'Erlon.

Ney, en s'engageant à fond, ne faisait donc qu'exécuter les ordres de Napoléon et, dès lors, il avait besoin de d'Erlon, et l'on comprend bien qu'il n'ait pas voulu le lâcher.

L'incertitude de Napoléon s'explique très bien dans la matinée, mais non plus dès qu'il est en présence des Prussiens et qu'il est résolu à les attaquer. Dès lors, partout ailleurs, il fallait se tenir sur la défensive, et la faute de Napoléon a consisté à ne pas l'avoir prescrit d'une manière formelle.

En outre, pourquoi l'arrivée si tardive de Lobau qui, en se montrant deux heures plus tôt, aurait pu jouer le rôle assigné à d'Erlon ?

Dans les conditions où il se trouvait, Napoléon n'avait pas le droit de commettre une seule faute ; il fallait qu'il profitât de toutes les circonstances heureuses. Le 16, à midi, ses adversaires se trouvaient dans la situation la plus favorable à ses desseins, il ne pouvait pas désirer mieux ; toutes les chances étaient pour lui ; le soir, il ne lui en restait presque plus.

Après Ligny, Waterloo était à peu près certain. Pour l'empêcher, il aurait fallu battre les Anglais avant le retour des Prussiens. Or, Napoléon en attaquant les premiers, ne songeait pas au retour des seconds. Il était convaincu qu'après Ligny, Blücher allait se retirer sur le Rhin.

En portant Grouchy sur Gembloux, il n'appelle son attention que tardivement sur la direction de Wavre. S'il avait prévu le retour de Blücher, il aurait porté Grouchy non sur Gembloux, mais sur Wavre, par le chemin le plus direct, c'est-à-dire par Mont-Saint-Guilbert. Avec ces dispositions, on aurait pu empêcher Blücher de venir à Waterloo ; mais alors Wellington n'aurait pas livré la bataille, il ne l'a acceptée que parce qu'il était certain de l'arrivée de Blücher. De toute manière, Napoléon ne pouvait plus triompher de ses adversaires, qui n'étaient plus disposés à se représenter à lui dans les conditions du 16. C'est donc bien dans cette journée que la campagne s'est décidée, et, si le résultat n'a pas été favorable à Napoléon, c'est sa faute bien plus que celle de Ney.

On peut remarquer qu'en 1813, 1814, 1815, Napoléon a été trois fois trompé par la même manœuvre de Blücher.

En 1813, Blücher près d'être atteint le 10 octobre, se dérobe en abandonnant ses communications naturelles pour se rapprocher de Schwarzenberg. Napoléon ne le croit pas, il va à Leipzig. En 1814, après Montmirail et Vauchamps, Blücher rallie ses forces à Châlons, et, loin de continuer sa retraite, il va sur la Seine pour joindre Schwarzenberg. Napoléon ne le croit pas, et c'est ce qui l'empêche d'achever la défaite de l'armée de Bohême. En 1815, Blücher battu à Ligny, abandonne ses communications avec le Rhin pour se rapprocher de Wellington. Napoléon ne le croit pas, et il est amené à Waterloo.

Dans ces diverses circonstances, l'erreur de Napoléon provient de la même cause, qui est de croire que ses adversaires sont incapables et tremblent devant lui.

C'était peut-être vrai au lendemain des merveilles d'Austerlitz et d'Iéna, mais ce ne l'était plus à partir de 1813.

Depuis que Napoléon avait commencé lui-même la ruine de sa puissance par la guerre d'Espagne et par la campagne de Russie, ses adversaires étaient bien décidés à l'achever, et, dans l'accomplissement de la tâche qu'ils s'étaient attribuée, ils n'ont pas manqué de mettre à profit les enseignements qu'ils pouvaient tirer des leçons qu'il leur avait données lui-même.

V.

A part la digression un peu longue à laquelle nous venons de nous laisser entraîner, le but de cette étude était de montrer qu'il n'y a pas de bataille napoléonienne. Or je crois qu'il résulte manifestement de la discussion que nous venons de présenter, que les batailles de Napoléon ne procèdent pas d'idées systématiques et ne se rapportent à aucun type normal, lequel, pour lui, aurait été un idéal dont il aurait toujours cherché à se rapprocher le plus possible : Castiglione et Rivoli, Austerlitz et Iéna, Friedland et Eckmühl, Bautzen et Dresde diffèrent complètement les unes des autres, et je ne m'explique pas comment on peut être amené à renfermer dans le même type Iéna, Bautzen et Leipzig.

En somme, Napoléon est un éclectique qui a pris son bien partout où il le trouvait, plus brillant, plus grandiose que ses devanciers, mais s'inspirant d'eux, tout en mettant partout le cachet de sa puissante originalité. S'il n'a pas de système pour livrer ses batailles, cela ne veut pas dire qu'il agisse sans principes. Mais ce ne sont que des principes généraux qui indiquent des conditions à remplir pour bien conduire les opérations et dans lesquels ne sont pas comprises des solutions toutes faites.

En stratégie, l'idée dominante est celle de la liaison des forces [1], de manière qu'elles puissent toujours se soutenir mutuellement, mais cela n'empêche pas la diversité des opérations. Quand c'est possible, Napoléon vise toujours les communications de ses adversaires avec leur base d'opérations, soit avant la bataille, comme à Marengo, à Ulm et à Iéna, soit à la suite de premiers succès, comme après Montenotte, après Abensberg et dans

---

[1] Voir à ce sujet *Les Maximes de guerre de Napoléon* au chapitre intitulé : « Caractère essentiel de la stratégie napoléonienne ».

les opérations qu'il a conduites en Espagne. D'autres fois, n'étant pas assez fort pour imposer son initiative à ses adversaires, il se sert de la liaison de ses forces pour combattre successivement les diverses fractions de ses adversaires qui se divisent, comme en 1796, sur l'Adige, en 1813 et en 1814. D'ailleurs, l'application de ces principes ne doit pas conduire infailliblement à la victoire. Après en avoir tiré les plus brillants résultats de 1796 à 1809, Napoléon s'est trouvé en défaut en 1813 et en 1815.

En tactique, son principe est d'être le plus fort sur le point décisif du champ de bataille; il a appliqué ce principe partout où il a pu le faire, mais il fallait chaque fois trouver ce point, véritable clef du champ de bataille; *pour cela il s'engage partout, puis il voit*[1]*;* la difficulté est de voir juste quand on n'a pas deviné à l'avance les projets de son adversaire, comme à Austerlitz et à Friedland.

Ces principes ne sont donc que des conditions qui, dans l'application, ne conduisent pas à un système étroit, mais comportent au contraire une grande liberté d'allures.

Quand encore Napoléon dit « qu'il faut tourner une aile sans séparer l'armée », il ne s'agit que d'une condition dont il faut tenir compte, quand on est conduit à exécuter un mouvement tournant; mais cela n'empêche pas la variété de l'exécution ni de rechercher la victoire en ne tournant rien du tout, comme à Rivoli, à Austerlitz et à Friedland.

En résumé, beaucoup d'idées justes, mais qui ne sont pas toutes neuves; quelques idées neuves qui toutes ne sont pas justes.

Personne, jusqu'à présent, n'avait essayé de mettre en relief le système employé par Napoléon pour livrer bataille; mais aussi, je crois bien que celui que M. le commandant Camon voudrait lui attribuer, n'a jamais existé dans la pensée de l'Empereur.

Il y a une autre nouveauté dans son opuscule, c'est l'emploi d'expressions jusqu'à présent inconnues des écrivains militaires.

---

[1] C'est encore un de ces aphorismes que n'admet pas M. le commandant Camon (page 49), mais il n'en est pas moins fort juste. C'est bien le résumé de la conversation que Napoléon a eue avec Saint-Cyr à Dresde avant Bautzen.

Dans ces derniers temps on nous avait bien parlé de tactique de stationnement, tactique de ravitaillement, etc. ....; mais il n'avait pas encore été question de la *tératologie*, de l'*embryogénie*, de la *paléontologie des batailles*, ni de la *structure interne de la bataille napoléonienne*.

Reste à savoir s'il y a grand avantage à se servir de ces expressions; je crois que l'on fera bien de ne s'engager qu'avec circonspection dans la voie que M. le commandant Camon a ouverte. Mais il n'est peut-être pas nécessaire, sur ce chapitre, de modérer l'esprit d'imitation de notre pays, dont le génie est fait de clarté.

Ce qui résulte de toutes ces observations c'est que Napoléon ne s'est jamais laissé diriger étroitement par un système, pas plus d'ailleurs que les autres généraux qui l'ont précédé, et que ce n'est pas en se complaisant dans des théories, vaines souvent, que l'on devient grand capitaine, mais en s'inspirant des exemples du passé et en adaptant ses dispositions aux moyens de l'heure présente.

« Lisez, relisez sans cesse les campagnes d'Annibal et de César, de Gustave-Adolphe et de Turenne, du prince Eugène et de Frédéric, c'est la seule manière de devenir grand capitaine et de surprendre les secrets de l'art de la guerre. »

Voilà ce que prescrit Napoléon à ceux qui sont appelés au commandement des armées. Aujourd'hui il faut dire encore :

« Lisez et méditez surtout les campagnes de Napoléon; faites ensuite l'étude approfondie des moyens employés par les Allemands en 1870. » Alors vous serez convaincu que s'il y a des principes généraux à suivre dans la conduite des opérations militaires, l'art de la guerre n'est pas contenu dans une formule, et que pour arriver à la victoire et la conserver, il faut des dispositions aussi variables que les situations qu'elles sont appelées à dénouer.

Si Napoléon en avait jugé autrement, il ne serait pas un si grand homme de guerre; tandis que, malgré les erreurs de ses dernières années, par l'incomparable éclat des précédentes, par la richesse et la variété des dispositifs qu'il a employés pour vaincre, il reste le plus grand capitaine des temps modernes.